人気ラーメン店が探究する調理技法

超純水採麺 天国屋
うまいヨゆうちゃんラーメン
拉麺 大公
らーめん杢や。
横浜中華そば 維新商店
ラーメン 星印
KaneKitchen Noodles
とり麺や 五色
麺や 佐市 錦糸町店
ラーメン巌哲
おおぼし 上田本店
生粋 花のれん
らあめん寸八
らぁ麺 すぎ本
麦の道 すぐれ
らーめん 月の兎影
ラーメン屋 トイ・ボックス
五郎商店

旭屋出版

人気ラーメン店とは、日々、探究している店である。

　ラーメンの作り方が、変わってきている。ラーメンの味の構成要素は、スープ、タレ、具材、麺、香味油の6つであることは変わらないが、評判を呼ぶラーメンのトレンドの動向が、各店の「作り方」に影響を与えている。

　とくにスープは、清湯が注目され、材料の選び方、組み合わせを追求するラーメン店が増えている。近年は、スープづくりの際、何は何度Cで何分炊く。何から炊いて次に何を加える。また、どうやってスープを漉すか。漉したスープをどうやって冷やすか。冷やして何時間寝かせるか、などなど「調理する温度」や「調理の工程」に工夫を凝らす店も目立ってきた。

　「これが正解」、「このやり方が王道」というものがないラーメンだからこそ、いろいろ作り方を探究する余地が大きいのも確かだ。そして、人気ラーメン店ほど、探究を続けている。「これで完成！」という結論は出さない。おいしさを守るために、さらにおいしくする探究を日々続けているのが、人気ラーメン店の条件とも言えるのが、現代だ。

人気ラーメン店では、レギュラーのラーメンが深化し続けている。

　季節のラーメン、期間限定のラーメンを提供するのが、広まっている。限定ラーメンの情報をSNSで拡散し、ファンを増やしている人気ラーメン店もある。

　ただ、限定ラーメンを熱心に開発する人気店は、目先の新しさ、変化だけで集客を狙っているのではない。限定ラーメンだから使える食材、期間限定だから使える調味料などから、レギュラーのラーメンのブラッシュアップの探究につなげているところが、人気ラーメン店には多い。

　なので、見た目は変化していなくても、レギュラーで提供するラーメンを深化&進化させているのが、人気ラーメン店には目立つ。

　その意味で、本書に掲載した人気ラーメン店のスープや具材、麺などの作り方は、その店がたどり着いた作り方ではなく、進化&深化する過程の作り方という言い方が正しい。定番で出すラーメンが深化していくのが、人気ラーメン店であるとも言える。

人気ラーメン店が探究する調理技法
CONTENTS

人気ラーメン店とは、
日々、探究している店である ... 002

東京　町田
超純水採麺　天国屋 ... 006

神奈川　大和
うまいヨゆうちゃんラーメン ... 018

神奈川　横浜
拉麺　大公 ... 026

神奈川　横浜
らーめん㐂や。 ... 034

神奈川　横浜
横浜中華そば　維新商店 ... 046

神奈川　反町
ラーメン　星印 ... 056

東京　南長崎
KaneKitchen Noodles ... 064

長野　白板
とり麺や　五色 ... 074

東京　錦糸町
麺や　佐市　錦糸町店 ... 088

東京　早稲田
ラーメン巌哲 ... 098

長野　上田
おおぼし　上田本店 ... 112

東京 大塚
生粋 花のれん —— 124

長野 筑摩
らあめん寸八 —— 136

東京 鷺ノ宮
らぁ麺 すぎ本 —— 144

愛知 一宮
麦の道 すぐれ —— 150

長野 松本
らーめん 月の兎影 —— 160

東京 東日暮里
ラーメン屋 トイ・ボックス —— 168

神奈川 相模原
中村麺三郎商店 —— 178

■本書を読む前に
- 調理の説明で表記している加熱時間や加熱方法は、その店で使用している調理器具での内容になります。
- 材料の呼び名、使用する道具の名称は各店での呼称に準じているところもあります。
- 掲載している各店の作り方は、2017年7月～10月の取材時のものです。ラーメン店では調理法を日々改良をしていますので、その店にとって進化過程の作り方と考え方であることもご理解ください。
- 掲載したつけめん、ラーメン等のメニュー名、値段、盛り付け、器などは2017年7月～10月の取材時のものです。
- 一部、2016年8月発行の旭屋出版MOOK「ヒットラーメン店をつくろう!」、2017年8月発行の旭屋出版MOOK「人気ラーメン店は、ここが違う!」から記事の流用をしているところがあります。
- 掲載した各店の住所、電話番号、営業時間、定休日は2017年10月現在のものです。

東京 町田

超純水採麺 天国屋
(ちょうじゅんすいさいめん てんごくや)

子供たちが安心・安全に食べられるラーメンを追究

「次世代につながるラーメンは何か」。それは、子供たちが安心して食べられるラーメン、子供たちが安全に食べられるラーメンという信念で店主の佐々木昭一さんはラーメンづくりに取り組んでいる。10年前にオープンし、3年前にこのコンセプトに転換し、メニューも刷新した。

「鶏醤油麺」のスープは、鶏ガラ、丸鶏、手羽元と水だけでとる。水は逆浸透膜水を使用。淡口醤油ダレは8種類の醤油のみで作る。

「鮭節醤油麺」のスープは、ウルメ煮干しと鮭節と水だけでとる。「焙煎ウルメ醤油麺」のスープは、ウルメ煮干しと水のみでとる。素材選びから、炊く温度と時間、冷やし方、冷やす温度も研究して、子供の舌を刺激するものがゼロで、大人が味わってもコクと旨味がしっかり感じられるラーメンを至極シンプルな材料で仕上げている。子供づれのお客が多いが、魚介だけのスープの「鮭節醤油麺」や、ウルメ煮干しと水だけのスープの「焙煎ウルメ塩麺」は、年配のファンも非常に多い。

「鶏醤油麺」の麺は国産小麦100％で、添加物不使用で、卵の割合は少ないものを中西食品（稲城市）に発注している。なお、「鶏醤油麺」では麺の大盛りは無料だが、麺量を多くするだけだとスープとのバランスが悪くなるので、大盛り用に切り歯を変えた麺を別に用意している。

鶏醤油麺 750円

鶏ガラ、丸鶏、手羽元と水だけで、透明感があってコクがありキレもある清湯を仕上げる。醤油ダレを濃口か淡口かを選べるようにし、麺は卵不使用のものも選べるようにし、1杯の楽しみ方を拡げているのも同店の魅力だ。

人気ラーメン店の調理技法

東京・町田
超純水採麺 天国屋

■ SHOP DATA
住所／東京都町田市金森4-1-1
電話／042-799-4878
営業時間／11時30分〜15時、17時〜21時
（ただし、材料切れの場合は早終いあり）
定休日／水曜日

〈味のチャート〉

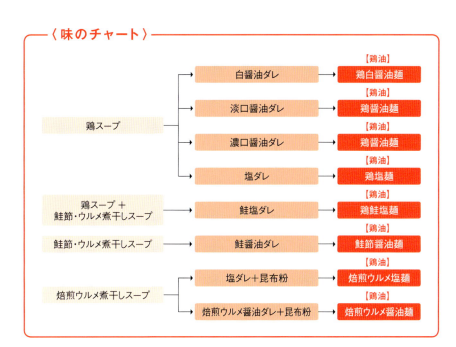

鶏スープ	→ 白醤油ダレ	→ 【鶏油】鶏白醤油麺
	→ 淡口醤油ダレ	→ 【鶏油】鶏醤油麺
	→ 濃口醤油ダレ	→ 【鶏油】鶏醤油麺
	→ 塩ダレ	→ 【鶏油】鶏塩麺
鶏スープ ＋ 鮭節・ウルメ煮干しスープ	→ 鮭塩ダレ	→ 【鶏油】鶏鮭塩麺
鮭節・ウルメ煮干しスープ	→ 鮭醤油ダレ	→ 【鶏油】鮭節醤油麺
焙煎ウルメ煮干しスープ	→ 塩ダレ＋昆布粉	→ 【鶏油】焙煎ウルメ塩麺
	→ 焙煎ウルメ醤油ダレ＋昆布粉	→ 【鶏油】焙煎ウルメ醤油麺

鶏鮭塩麺 730円

鶏スープ220mlに鮭節スープを80ml合わせる。沖縄の海塩と鮭節、貝ひも、みりん、日本酒の塩ダレと。鶏ムネ肉のチャーシューと豚肩ロースチャーシューと鮭節をトッピング。九条ねぎか三つ葉か、両方かも選べるようにしている。

鮭節醤油麺 650円

鮭節とウルメ煮干しと水だけでとるスープ。醤油ダレは生揚げ醤油とみりんと鮭節で作るもの。麺は全粒粉入りのコシのある麺を合わせた。炙った豚バラチャーシュー、穂先メンマ、鮭節をトッピング。

血合いの部分のない鮭節、瀬戸内の小さめのウルメ煮干しを選んで、濁らせないで魚介だけのスープを取っている。

焙煎ウルメ醤油麺
750円

ウルメ煮干しは、煎って香りを立たせてから逆浸透膜水に浸して、冷凍庫に入れる。低温で浸すことで煮干しの苦味などは抽出しない手法で作っている。スープには昆布粉少々。塩ダレとザラメで炊いた大根、鶏ムネ肉チャーシューをトッピングし、ワサビを添える。

ウルメ煮干しを弱火でじっくり空煎りし、香りが出てきたら逆浸透膜水に浸ける。

麺は、切り歯22番の平打ちストレート麺（140g）の他、大盛り用の麺としてに切り歯20番（180g）を用意。卵不使用麺も選べるようにしている。

鶏スープ

材料
- 鶏首ガラ（阿波尾鶏）・鶏手羽元（国産鶏）
- 丸鶏（青森シャモロック）・水（逆浸透膜水）

鶏胴ガラに付いている肺、肝をフォークを使ってきれいにこそげ取る。取ってから水に浸して10分ほど血抜きする。

ザルで出して水気を切ってから、純水をかけて流す。

シンプルに、素材と純水で香りと厚みのあるスープを

鶏スープは、鶏と水のみで。良質の鶏が入るようになったので2年前から野菜も昆布も入れるのをやめた。水は、逆浸透膜を通した純水。阿波尾鶏の首付きガラ、青森シャモロックの丸鶏を使うが、地鶏だけだと香りはいいが味わいに厚みが出ないので国産ブロイラーの手羽元を合わせる。

「鮭節醤油麺」のスープは、鮭節とウルメ煮干しと純水だけで取る。血合いのない鮭節、小さくて固い瀬戸内のウルメ煮干しを選び、透明感があってコクのあるスープに仕上げる。

「焙煎ウルメ麺」のスープは、ウルメ煮干しと純水のみで作る。凍らせる手法で、煮干しのおいしい風味だけを抽出する。

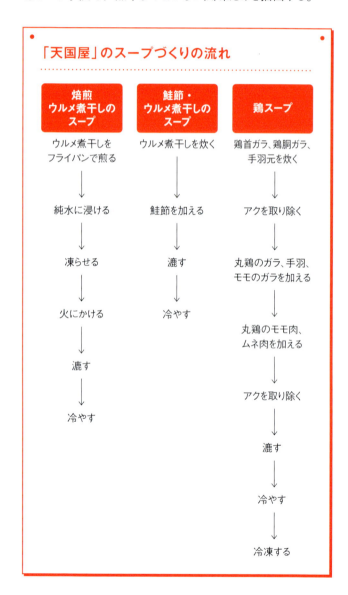

「天国屋」のスープづくりの流れ

人気ラーメン店の調理技法　東京・町田　超純水採麺 天国屋

水位から上にガラが出ると酸化するので、この状態を炊いているときも維持する。純水は約36ℓ。ガラからだしが出るので、仕上がりのスープは40ℓになる。手羽元の肉づきによって水量は加減する。

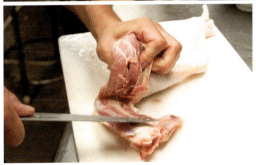

丸鶏は、モモ肉、ムネ肉、手羽、胴ガラに切り分ける。内臓が付着しているので胴ガラの内側は掃除する。ボンジリの部分も取り除く。切り分けて時間差で炊いていく。

手羽元は表面を水道水で洗ってから、純水をかけて流す。

寸胴鍋は45cmのものを使用。まず、首ガラを入れる。その首ガラの隙間を埋めるように続いて手羽元を入れる。胴ガラは、その上から差し込んでいく。みっちり詰めて、炊いている間にガラが浮いてこないようにする。

約2時間後にモモ肉、ムネ肉を加える。しばらくするとアクが浮いてくるので取る。鍋の中は障らないにする。

点火してから4〜5時間でスープは漉す。スープの色が濃くなって、かつ、透明度が増してくるのが完成の目安。手鍋をゆっくり沈め、ゆっくりくみ出して漉す。漉すときも中を混ぜないように注意する。2つの小さな鍋に交互に漉し入れて均等にする。

浮いてくるアクをしっかり取る。寸胴鍋の中でガラが踊らないのでアクは少なく、黒くない白いアクだけが浮かんでくる。

ガラは4時間は炊きたいので、まず、胴ガラ、手羽、モモの骨を入れる。ここで、ほんの少し火を弱める。

012

人気ラーメン店の調理技法

東京・町田　超純水採麺 天国屋

最後まで、静かに漉す。ガラにアクが付いてないので黒くなっていない。この残った鶏ガラと背ガラを合わせて強火で炊いて豆乳を混ぜて豚骨ラーメン用のスープを作っている。

漉したスープはシンクで冷やす。粗熱が取れたら冷凍庫に移す。

営業時間前に凍った鶏スープを火にかけて溶かす。溶かすだけで沸かさない。上面の鶏油は除いて使わない。香味油としての鶏油は別に炊いて作っている。

鶏スープは1回必ず凍らせる。凍らせることで旨味が増すという。豚骨スープも焙煎ウルメ煮干しのスープも凍らせる工程を設けている。

営業中は、溶かしたスープを入れた鍋は氷水に浸しておく。ここからオーダーごとにすくって手鍋で温めて使用する。

鮭節・ウルメ煮干しスープ

材料

・ウルメ煮干し(瀬戸内産) ・鮭節 ・水(逆浸透膜水)

ウルメ煮干しは瀬戸内の固くて小さいものを選ぶ。固いものは濁りにくいので。煮干し350gに純水7ℓを合わせて火にかける。沸く直前で火を止めて5分ほどおく。これ以上長く置くと煮干しが旨味を吸ってしまう。

再び点火して鮭節を入れる。混ぜたりしない。沸く前に火を止める。

火を止めたら、そのまま4～5分置く。混ぜると濁るので、混ぜない。4～5分置いてから漉す。漉したらすぐに冷やす。

人気ラーメン店の調理技法　東京・町田　超純水採麺 天国屋

焙煎ウルメ煮干しのスープ

材料

・ウルメ煮干し（瀬戸内産）・水（逆浸透膜水）

ウルメ煮干しをフライパンで空煎りする。火加減は弱火。香りが出てくるので確認する。

香りが立ったら、純水に入れる。純水18ℓに対してウルメ煮干しは1.2kg。煮干しだけで作るスープなので、厚みのある味わいにするため、量を多く使う。そのまま冷凍庫に入れる。

およそ6時間で凍ってくる（写真は翌朝、表面が凍った状態）。水温が低いと余計に煮干しがふやけないので、苦味などの雑味が出ない。

翌朝、冷凍庫から出したら火にかける。沸く直前で火を止める。

漉したら、すぐ冷やす。漉した残り煮干しと醤油を合わせて寝かして発酵させ、「焙煎ウルメ醤油麺」の醤油ダレにしている。

鶏油も鶏チャーシューも、鶏スープを引き立てる味わいに

スープを炊くときの上澄みの鶏油は、ガラの臭いが移っているのでラーメンには使用しない。鶏だけの、厚みのあるスープに合わせて、香りのいい阿波尾鶏の鶏油と、コクのある赤鶏（鹿児島）の鶏油をブレンドし、別に炊いて作っている。鶏油も一度凍らせることで旨味を濃くしてから使っている。

鶏のチャーシューは国産鶏ムネ肉と塩と水だけで作り、鶏肉の味わいを生かし、スープとの相性を良くしている。鶏チャーシューに使う水も鶏油を炊く水も純水を使用。

鶏油

材料
・阿波尾鶏の鶏油　・鹿児島赤鶏の鶏油
・水（逆浸透膜水）

鍋に阿波尾鶏の鶏油、赤鶏の鶏油、純水を合わせる。ブレンドすることで香りとコクがいい鶏油にする。

鍋は直火にかけないで、茹で麺機の上に置いて湯煎するように柔らかく加熱して鶏油を溶かす。

約90分加熱して溶かし、目の細かいシノワで漉す。漉したら凍らせる。解凍して使用する。

人気ラーメン店の調理技法 東京・町田 超純水採麺 天国屋

鶏チャーシュー

材料

・国産鶏ムネ肉 ・塩 ・水(逆浸透膜水)

鶏ムネ肉は皮を除いて、純水、塩と合わせる。塩は多め。60～90分置いて下味を付ける。

鶏ムネ肉は袋に入れ、水に沈めて袋の中の空気を抜いて口を留める。

90℃の湯の中に、袋に入れた鶏肉を沈める。

氷を入れ、湯温度を65～70℃に調節し、そそのままフタをして置く。10分ごとに手で触って固さを確認する。

完成まで約60分。鍋から出してすぐに冷やす。しっとりし、歯ごたえもある。鶏肉の味をよく味わえるように1cmほどの厚みでトッピングしている。

神奈川 大和

うまいヨゆうちゃんラーメン

濃厚かつ、フレッシュ感もある豚骨スープを4時間で仕上げる！

　「どっ豚骨」の文字のみの看板を掲げ、千葉雄一さんが2014年にオープン。家系の豚骨スープの、肉の旨味と醤油風味のインパクト。博多豚骨の豚骨臭と旨味。この両方のいいところを持った豚骨スープが同店の特徴。最初にぐっとくるパンチは強くないが、食べ進むと豚骨の旨味が重なってくる豚骨スープを目指している。家系のようにごはんに合う豚骨スープではないのでチャーハンを出す。

　スープの材料は、豚頭とゲンコツと水（πウォーター）のみ。野菜や鶏ガラを当初は加えていたが、おとなしい味になるのでやめた。また、開業時から半年間は寸胴鍋で炊いていたが羽釜に変えてスープの味の厚みが増した。目指す豚骨スープを追求し、作り方をいろいろ日々、探究を続けている。

　現在のスープは、朝7時から炊き始め、11時の開業時間にそのスープを使う。対流のいい羽釜で4万5000kcalのバーナーで炊き、また、πウォーターで炊くことで、濃度より先に旨味を引き出すようにして4時間で仕上げる、フレッシュ感も味わえる豚骨スープを毎日出ている。営業時間中はπウォーターではなく水道水で濃度を調節したり、骨を砕いて味を調えたり、逆に骨を抜いて対流を変えたり、火加減だけでなく常に「世話」をしてスープの味を調え続ける。なので、中休みなしで通しで営業している。平日で100杯、土曜日・日曜日は150杯を売っている。

ラーメン 700円

豚頭とゲンコツと水だけで、4時間で仕上げる豚骨スープ。豚骨スープらしい臭いを出したいのでニンニクも加えないで作る。背脂、豚肩ロースのチャーシュー、キクラゲ、白ねぎ、茹でたほうれん草、海苔をトッピング。背脂は別に炊いてトッピングする。

人気ラーメン店の調理技法　神奈川／大和　うまいヨゆうちゃんラーメン

■ SHOP DATA
住所／神奈川県大和市上草柳3-15-15
電話／046-260-3790
営業時間／11時〜21時
定休日／水曜日、第1木曜日

〈味のチャート〉

豚骨スープ → 醤油ダレ → 【ラード・背脂】ラーメン

背脂の量を加減したり、スープが濃過ぎるという人には、カツオだしで調整する対応をしている。

客席に、白ごま、胡椒、ニンニクチップ、おろしニンニク、醤油、豆板醤、酢を置く。ニンニクチップが一番使われる。

チャーシューメン 900円

豚肩ロースのチャーシューが5枚のる人気メニュー。厚切りにして「肉を堪能できる」ようにしている。チャーシューはスープの鍋とは別の鍋で炊いて、醤油ダレと水と白だしを合わせたタレに浸けて作る。麺は共通で、中加水の中太ストレート麺、1人前170g。

> 豚骨スープ

材料

・豚頭15個 ・ゲンコツ10kg ・前日のスープ10ℓ
・πウォーター ・水道水

60cmの羽釜に豚頭15個（30kg）と、カットしたゲンコツ10kg。ゲンコツは4時間で仕上げるために加えている。ゲンコツが下だと焦げやすいので、豚頭を先に入れる。豚頭もゲンコツも下茹でしない。下茹ですると豚骨スープの荒々しい雰囲気が薄まるから。

毎日、営業前に仕上げる、作り置きしない濃厚豚骨スープ

対流のいい60cmの羽釜を4万5000kcalのバーナーで豚頭とゲンコツと水だけで炊く。開店当初は鶏ガラ、背ガラも入れていた。看板に「どっ豚骨」とうたっているので、食べて「どこにでもある味だな」と思われたくないので、パンチの出る素材を控え、深い味の出る豚頭とゲンコツだけにした。鍋も寸胴鍋から羽釜に変えた。

水はだしが出やすいのでπウォーターを使用。朝7時から炊いて11時の営業時間から使えるスープにしている。豚骨スープ独特の臭いを消したくないのでニンニクは使わない。また、背脂を一緒に炊くと甘さが先に立つ仕上がりになって豚骨スープらしさを隠してしまうので、背脂は別に炊いている。

4時間で仕上げる、できたてのフレッシュ感も特徴にしているが、豚骨スープの荒々しい雰囲気も出したいので、前日のスープを粗く漉して肉片が混ざっているものを途中で加えている。

豚頭は炊いている途中で割るとだしが早く出るが、基本は、割らないで自然に崩れるまで炊き、水加減、火加減でスープの濃度を調整しながら営業する。炊き続けるだけだと豚骨の風味が飛んでしまうので、営業時間中は、火を弱めたり、水の加減をしたり。逆に、だしを出したいときは骨を抜いて羽釜の中の対流を強めたり、骨を割ったり。πウォーターで加減し続けると軽い感じになるので営業時間中は水道水で調節する。営業時間中のほうがスープには気をつかうという。10分に1回はスープの味見を繰り返す。

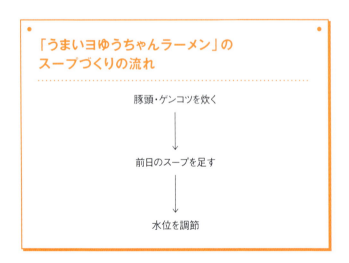

「うまいヨゆうちゃんラーメン」のスープづくりの流れ

豚頭・ゲンコツを炊く
↓
前日のスープを足す
↓
水位を調節

人気ラーメン店の調理技法 神奈川・大和 うまいヨゆうちゃんラーメン

豚骨を入れたら75℃のπウォーターを注ぐ。沸いた湯を入れるより、75℃の湯から炊いたほうができが良かった。ゲンコツがひたひたになるくらい水を加えてフタをして炊き始める。4万5000kcalのバーナーは全開。営業時間中、水を足しながら調節するので、この羽釜で約150人前のスープがとれる。

沸いてきたら、骨が釜の底や側面に張り付いてないか、鍋肌から木べらを入れて、骨を砕かないように注意してチェックする。このとき、肉の匂いが強いほど味が出るので、匂いもチェックする。

アクが出てきたら、水位を上げる。アクは取らない。仕上げるまでの水はπウォーターを使う。

021

チャーシュー、背脂は
スープとは別に炊いて調味

4万5000kcalの羽釜でスープを炊くので、これにチャーシュー用の豚肩ロースを入れて炊くと肉が煮崩れてしまうので別に炊いている。また、背脂は、豚骨と炊くと甘さが出せるが、甘さが先に立つ豚骨スープになり、豚骨スープらしさが隠れてしまうので、別に炊いている。

チャーシュー

材料
・豚肩ロース ・チャーシュー用タレ（醤油、みりん、日本酒、水、昆布、ハイミー）

豚肩ロース（外国産）はチルドのものを仕入れる。湯を沸かし、沸いたら肉を入れる。

再び沸いたら弱火にして、フタをして2時間ほど炊く。

2時間ほど炊いたら、前日のスープを粗く漉して残して置いたものを加える。この前日のスープも75℃くらいに温めておいて加える。前日のスープを加えるのは、豚骨スープらしい臭い、風味を出したいから。割合として10ℓくらい。最初から合わせて炊くと完成するころに豚骨臭が抜けてしまうので途中で合わせる。

スープの濃度が上がってくると鍋肌に骨が張り付きやすいので、フタはしないで、10分おきに骨を砕かないように混ぜる。水位もこまめに調整。11時の営業開始時間前に完成。営業時間中も、10分毎に味見して、水位、火加減を調節。味を深めたいときは骨を割ったり、骨を抜いて対流を強めたりもする。営業時間中は水道水を足して、スープに重さを出すようにしている。

人気ラーメン店の調理技法 神奈川・大和 うまいヨゆうちゃんラーメン

背脂

材料
・粗挽き背脂 ・水

背脂は、粗挽きにしたものを仕入れている。水と背脂を合わせて火にかけ、沸いたら弱火にして90分炊く。

2時間ほど炊いて、肉に箸を刺して中から血がにじみ出ないようなら加熱は終了。

チャーシューのタレは、ラーメン用の醤油ダレ。醤油ダレは醤油・酒・みりん・昆布・うま味調味料で作る。タレに5時間ほど浸ける。タレは脂を取って継ぎ足して使っている。

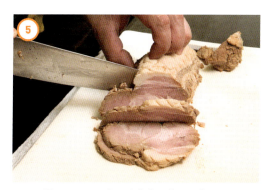

タレに浸けたのち、肉は冷蔵庫に移して休ませて、塩のとがりを取ってから使う。厚切りにしてトッピングし、肉の味わいを強調している。

023

割りスープ

材料

・カツオ厚削り ・水

ひと口目のインパクトはないが、食べ進むと豚骨の旨味とコクが上がってくるスープではあるが、「私には濃過ぎる」という人もいるのでカツだしのスープを用意し、スープの濃度を調整するのに使っている。

煮玉子

材料

・卵（MSサイズ） ・煮玉子ダレ（醤油ダレ、水、白だし）

常温に置いた卵を、湯が沸いたら入れる。茹で時間は6分30秒。

茹でたらすぐに氷水で冷やす。しっかり冷やして殻をむく。

醤油ダレに浸ける。煮玉子をスープの中で割ったとき、黄身がスープに溶け込まないギリギリの硬さに茹でるようにしている。

人気ラーメン店の調理技法 **神奈川・大和** うまいヨゆうちゃんラーメン

ラーメンの仕上げ方

井に醤油ダレ、ラード8mlを合わせる。醤油ダレは、醤油・みりん・酒・昆布・うま味調味料で作る。

羽釜から取り出すスープを網で漉しながら井に注ぐ。午前11時〜21時の閉店まで通し営業なので、スープの濃度を一定にすることに最も神経を使っている。

茹で上げた麺を井に。麺は、中加水の中太ストレート麺。最近、麦の外側の部分の割合を増やして麺の香りを高めたものに変えた。

背脂を網越しに振りかける。

チャーシュー、キクラゲ、茹でたほうれん草、白ねぎ、海苔をトッピングする。

神奈川 横浜

拉麺 大公

焼き+味噌、焦がし+醤油の2大看板商品で評判を拡げる

　2013年に横須賀にオープンし、2017年4月に横浜・南太田に移転。味噌の立ち昇る香りと心地よい味噌の甘みの余韻が好評で、横須賀から移転先に訪れるファンも多い。16席の店内は、幅広い客層でいつもにぎわい、忙しい日は200杯を売る人気店だ。

　味噌ラーメンは6割強のお客が注文するが、焦がし醤油ラーメンも人気がある。常連ほど、券売機の前で「焼き味噌か、焦がし醤油か」を悩む人が多い。

　味噌ダレは、赤味噌と白味噌を油でなじませながらしっかり加熱するが、味噌の持つ甘さは殺さないようにして味噌の塩分とのバランスを保つのがポイント。ゲンコツをメインに牛骨、鶏ガラで炊くスープと味噌ダレを合わせておいて営業する。スープはねかせると味が変わるので、こまめに作り、効率よく作れる工夫を店主の葉山和孝さんはしてきた。

　醤油ダレはチャーシューのタレを詰めて甘露醤油など3種類の醤油を合わせでねかせ、ゲランドと沖縄海塩で調整し、12日かけて作るもの。見た目は黒く、塩辛そうに見えるが塩っぱくはなく深みのある醤油の味わい。熱した油で醤油ダレを香ばしく焦がしてスープと合わせ、香り豊かな醤油ラーメンにしている。

　注文ごとに炒めるジャキシャキのもやしのトッピングも人気の要因で、「もやし増し(50円)」を注文する人も増えている。

肉玉焼き味噌 1020円

味噌ダレとスープを合わせておいたものを沸かし、麺と丼で合わせる。麺は中太の少しちぢれ、多加水でモチッとした熟成麺(福島の富田屋製麺)。注文ごとに炒めるもやし、豚バラ肉のチャーシュー、ねぎ、おろし生姜を、肉そぼろをのせる。

人気ラーメン店の調理技法

神奈川・横浜

拉麺 大公

■ SHOP DATA
住所／神奈川県横浜市南区南太田1-8-24
営業時間／11時30分〜14時30分　18時〜21時
定休日／月曜日（月曜日が祝日のときは営業し、翌火曜日休み）　月1回火曜日休みあり

〈味のチャート〉

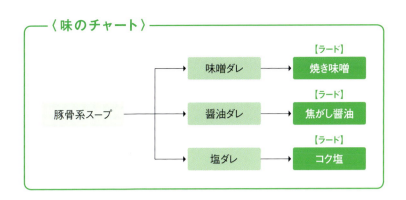

油でニンニクをしっかり炒め、そこに醤油ダレを合わせてひと煮立ちさせ、香ばしさを立たせる。

焦がし醤油 780円

スープと麺は味噌ラーメンと共通。醤油ダレは12日かけて作る、見た目は黒いが塩っぱくなく、醤油の深みのある味わいが特徴のタレ。もやしは同様に注文ごとに炒めて盛り付ける。

豚骨系スープ

材料
- 豚ゲンコツ ・豚背ガラ ・牛骨 ・鶏首ガラ
- モミジ ・豚挽肉の煮汁 ・玉ねぎ ・白ねぎの青葉
- 人参 ・ニンニク ・大根 ・生姜 ・背黒イワシ煮干し
- シロクチイワシ煮干し ・サバ節 ・昆布
- 干ししいたけ ・アルカリ水

豚のゲンコツと背ガラ、牛骨を54cmの寸胴鍋に入れる。豚の風味が強すぎないように鶏首ガラも入れる。だしが出るスピードを合わせるため、ゲンコツ、背ガラ、牛骨は砕いたものを仕入れている。ゲンコツは外国産を。鶏首ガラは鶏胴ガラより早くだしが出るのと、内臓を取ったり下処理しなくていい点でも効率よく作れるので使い始めた。水は、アルカリ水を使用。

味噌ダレの濃厚さに負けない、濃いスープを効率も考えて作る

スープは、味噌ラーメン、醤油ラーメン、塩ラーメンに共通。濃い味噌ダレと合わせるので、スープもバランスを考えて濃度のある仕上がりにしている。ただ、濃度のあるスープはねかせると風味が変わりやすいので、こまめに作るようにしている。そのため、効率よくスープづくりができるよう、鶏胴ガラを使うのはやめて、だしの出るのが早い鶏首ガラに変えたり改良もしてきた。

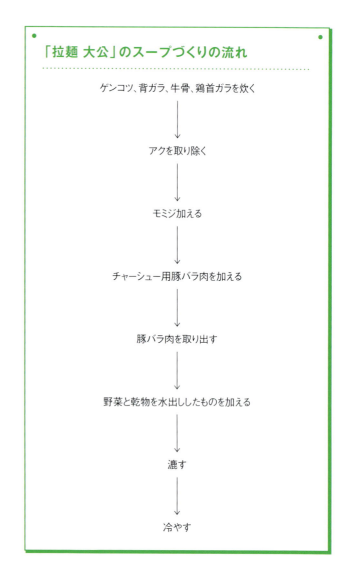

「拉麺 大公」のスープづくりの流れ

ゲンコツ、背ガラ、牛骨、鶏首ガラを炊く
↓
アクを取り除く
↓
モミジ加える
↓
チャーシュー用豚バラ肉を加える
↓
豚バラ肉を取り出す
↓
野菜と乾物を水出ししたものを加える
↓
漉す
↓
冷やす

人気ラーメン店の調理技法 **神奈川・横浜** 拉麺 大公

続いて、チャーシュー用の豚バラ肉を加えて炊く。

豚バラ肉は、火の入り具合を見て90分〜120分炊いて取り出す。

点火して、沸いたら浮かんでくるアクを除く。投入した材料は約30kg。これで、50ℓのスープを取る検討。

アクを取ったら、モミジを加え、トッピング用に別に炊いた豚挽き肉の茹で汁を加える。

魚介だしを入れてから90分ほど炊いて漉す。まず、骨のガラが取り出していく。

ガラを出したら、上澄みの油を取る。この脂は使わない。アルカリ水で水位を微調整して濃度を調えてから、漉して冷やす。

豚バラ肉を取り出したら、野菜を加え、水出ししておいたセグロ煮干し、シロクチ煮干し、サバ節、昆布、干し椎茸を加える。大根は臭み取りの役割のために入れる。

1回に8〜12kg仕込む、濃厚スープによく合う煮豚

豚バラ肉のチャーシューは、スープを炊く寸胴鍋で一緒に炊く。チャーシュー増しで注文する人が多く、1回に8〜12kg仕込む。スープを炊く時の上澄みの脂はできるだけ除いて使うので、豚バラチャーシューで脂身は多い部位が、味噌ラーメン、醤油ラーメンによく合う。

チャーシュー

材料

・豚バラ肉 ・醤油ダレ

1 豚バラ肉は外国産を使用。スープを炊く途中で寸胴鍋に入れて90分〜120分炊いて取り出す。

2 取り出した肉は、沸かした醤油の中に入れる。火を止めて、落としブタをして肉が浮いてこないようにして40分置く。

3 醤油から取り出して冷やしてからカットして盛り付ける。

味噌ダレ

材料

・白味噌2種類 ・ラード ・ニンニク ・一味唐辛子
・粉山椒 ・うま味調味料

長野の白味噌2種類を味噌ダレには使用。ニンニクと油を炒め、そこに味噌を合わせて加熱する。味噌と油がよくなじんでそぼろ状になるまで「焼く」というイメージで加熱し、一味唐辛子、山椒粉、うま味調味料で味を調える。焼き過ぎると味噌の甘さが飛んでしまい、味噌の甘さを殺さないように焼くことが、味噌の塩味とのバランスをよくするコツで、その微妙な加減が大切になる。焼いた味噌とスープは営業前に混ぜ合わせておいて、注文ごとに手鍋で温めて丼に注ぐ。

井に茹で上げた麺を入れて、温めたスープを注ぐ。

麺を調え、すぐ炒めたもやし、チャーシュー、肉そぼろ、ねぎ、おろし生姜を盛り付ける。もやしを炒める人、麺とスープを合わせる人、それぞれが呼吸を合わせながら仕上げていく。

「焼き味噌」の仕上げ方

合わせておいた味噌ダレとスープを手鍋に取り、混ぜながら温める。同時進行でもやしを炒め始める。

もやしをラードで炒める。もやし1本1本に油をコーティングしながら加熱するイメージで中華鍋をふって、手早くシャキシャキに炒める。

「焦がし醤油」の仕上げ方

スープづくりと同時進行でもやしを炒める。もやし1本1本にラードをコーティングしながら加熱するイメージで中華鍋をふって、手早くシャキシャキに炒める。

ラードでおろしニンニクを炒める。しっかり炒めてニンニクの香りは飛ばす。

ここに醤油ダレを一気に注ぐ。醤油ダレは甘露醤油など3種類の醤油とチャーシューのタレで12日かけて作るもの。ひと煮立させ、焦がした風味を立たせる。

井に茹で上げた麺を入れて、焦がした醤油ダレと合わせた温めたスープを注ぐ。麺を調え、炒めたもやし、チャーシュー、メンマ、ねぎを盛り付ける。味噌ラーメン同様、もやしを炒める人、麺とスープを合わせる人が呼吸を合わせながら仕上げる。

温かいスープを注いで合わせて沸かす。

らーめん森や。

神奈川 横浜

「生きようとする力」のある食材を生かす一杯に

　ラーメンは、「正油」と「塩」と「味噌」を用意し、「味玉」「わんたん」「ちゃーしゅー」のトッピングでバリエーションを用意。シンプルなメニュー構成ながら、「無化調・無砂糖、自家製麺」をうたい、こだわりの「安心・安全」な食材を厳選して使うことで評判を呼び、子供連れで来店する人も多く、遠方から来店する人も多い。

　放牧養鶏の丸鶏や自生の真昆布をスープに使うなど、食材は質にこだわるだけでなく、「生きる力」のある食材を選ぶことが、それを食べる人の力になるという考えが、同店のラーメンづくりの根幹。手間を惜しまないことで、原価率は42%に収めている。

　国産マッシュルームのコンフィをラーメンにトッピングする他、有機栽培の旬の野菜の和え物、煮物も豊富にそろえ、評判メニューになっていて、夜は、野菜のおかずを目当てに来店する周辺の住民が多い。チャーシューは国産豚バラ肉とモモ肉を炭火で吊るし釜焼きする香ばしいもの。麺は、北海道産小麦だけで細麺と中太麺を作り、中太麺のほうは卵使用にして選べる売り方をする。

　店内の塗装剤に抗酸化溶液を使ったり、抗酸化材料で作る容器を使用して製麺したり、スープや食材が"いい状態を保てる空間づくり"もしている。

ちゃーしゅーめん(正油)
はるゆたか麺 1180円

スープは、山梨の黒富士農場の放牧鶏の丸鶏をメインに、国産豚のゲンコツと天然真昆布でスープを取る。味付け玉子も、その自然卵を使用している。香味油は鶏油。「ちゃーしゅーめん」では、豚バラ肉と豚モモ肉の吊るし釜焼きチャーシューが3枚ずつのる。食べ飽きないよう、「ちゃーしゅーめん」にのせる豚バラ肉のチャーシューは、脂身の少ないところをのせている。

人気ラーメン店の調理技法 神奈川・横浜 らーめん 杜や。

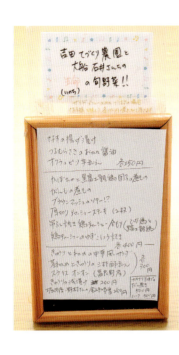

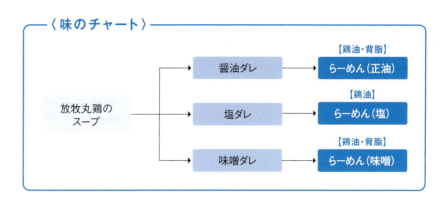

横浜の「吉田てづくり農園」、大船の「石井さんちの旬野菜」の有機野菜で、季節の煮物、和え物、サラダを作ってサイドメニューとして用意している。

■ SHOP DATA
住所／神奈川県横浜市栄区長沼町339　電話／045-390-0881　営業時間／11時30分〜15時、17時30分〜23時　定休日／火曜日

らーめん（正油）760円

「正油」「塩」「味噌」が選べるなかで、「正油」が一番人気。オリーブオイルでコンフィにした帯広産のマッシュルームがトッピングにのるのも同店の特徴。「正油」と「味噌」の香味油には、鶏油と少しの背脂を。同じく吊るし釜焼きチャーシューがのる。メンマを戻す水など、調理にはアルカリ水を使用している。写真は、細麺で、1人前140g。

「三ツ星醤油らーめん」では、和歌山の堀河屋野村の生醤油を主体に、山口の藻塩、白詰草のハチミツで作る醤油ダレを使う。

「三ツ星醤油らーめん」のような限定ラーメンは、北海道産のユメチカラ、春よ恋、キタノカオリの配合を変えて製麺。はるゆたか100％の中太ちぢれ麺、4種類の北海道産小麦で作る細ストレート麺はレギュラーで製麺。

三ツ星醤油らーめん（手もみ）930円

限定で提供している品。限定ラーメン用には十勝産のユメチカラ、春よ恋、キタノカオリの配合を変えて麺を作っている。この麺は、切り歯10番、丸切り口の手もみ麺。レギュラーの細麺も選べる。香味油は鶏油だけで、背脂は合わせていない。

放牧丸鶏のスープ

材料

・丸鶏（黒富士農場の親鳥）・ゲンコツ（国産）
・背脂 ・真昆布（函館、天然もの）・長ねぎ
・玉ねぎ ・カツオ厚削り節 ・カタクチイワシ煮干し
・水（アルカリ水）

36cmのステンレス製寸胴鍋1本に丸鶏は2羽。半日水出ししておいた真昆布と丸鶏、ゲンコツ、背脂を炊き始める。寸胴鍋1本で約40人分。天然の真昆布は高価なので、端葉を使用。丸鶏は凍っているので、後で全体を沈める。

調理に使う水はすべてアルカリ水。沸いたら昆布を取り出す。

36cmの寸胴鍋2本〜4本で、スープづくりは細かく対応

スープは、丸鶏を主体につくる。山梨の黒富士農場で放牧で1年半育てられた親鳥で肉が締まっていて、味が伸びるだしが取れるのが特徴で、この鶏のスープを邪魔しないように作ることを基本に考えている。他の食材も国産に。ゲンコツも生産履歴をたどれるものを仕入れている。

36cmのステンレス製寸胴鍋で、平日は2本、忙しい土曜日・日曜日は4本で炊いている。小さい寸胴鍋のほうが早く沸くのと、細かく対応できるので炊く寸胴鍋の本数を変えて作っている。おおよそ7時半から炊き始め、11時30分の営業スタートから使うスープに仕上げる。

「らーめん森や。」のスープづくりの流れ

真昆布を半日、水出し
↓
背脂、豚ゲンコツ、丸鶏を加えて点火
↓
沸いたら昆布を出す
↓
アクを取り除く
↓
丸鶏に切れ目を入れる
↓
上澄み脂を取り出す
↓
野菜を加える
↓
丸鶏をくずす
↓
カツオ厚削りを加える
↓
背脂を取り出す
↓
煮干しを加える
↓
漉す
↓
冷やす

2時間ほど炊いたら、玉ねぎ、長ねぎを入れる。臭みは出ない鶏なので、ニンニク、生姜は入れない。玉ねぎの甘みを感じさせたくないので1つの寸胴鍋に600gの玉ねぎにしている。

昆布を取り出したら、浮いてくるアクを取り除く。目の細かい網で、鶏油まで取らないようにしてアクを取り、包丁で丸鶏に切れ目を入れる。後で丸鶏を崩すときに細かく崩せるように切れ目を入れ、弱火にする。

続いて丸鶏を崩す。トングで引き裂くようにして崩す。

またアクが出てくるので取り除き、浮いてくる鶏油を取り出す。

人気ラーメン店の調理技法 神奈川・横浜 らーめん森や。

モミジまで沈めたら、カツオ厚削りを加えて炊く。火加減は、フツフツと炊く感じをキープする。

背脂を取り出して1時間ほど炊いて、煮干しを加える。煮干しを炊くのは10分ほど。

火を止めて漉す。まず、丸鶏のガラを大きめのザルで取り出す。

カツオ厚削りを加えたら、背脂を取り出す。背脂はフードプロセッサーにかける。「正油」と「味噌」のラーメンに少し、香味油として鶏油とともに合わせている。「塩」は鶏油のみを合わせる。

細かいシノワに変えて、漉す。営業中は、小さな鍋に移して温めながら使用する。

醤油ダレに浸けたら、ザルに上げて醤油を切る。豚肉は国産の生のものを仕入れる。万が一、何かあったときにも履歴がわかる豚肉を指定している。

成形木炭に火を点けて、釜の中にセット。チャーシュー釜の内部をしっかり温めてから豚肉を吊るす。

炭火焼きの薫香とともに、豚肉の味わいがしっかり広がる

現在の立地に移転する前は、煮豚だったが、移転後、藤枝市のブン・ワークス製のチャーシュー釜に出会い、釜で炭火で焼く方式に変えた。醤油の浸けて釜に吊るして焼くだけのシンプルな調理だけに、焼き加減の見極めが大切になる。だいたい3日に1回、1回で30本を焼いている。焼き上がったら、冷蔵する。やはり、焼いた当日のは旨い。常連の多くは、チャーシューを焼く日の夜を目指して来店し、今日焼いたチャーシューをつまみに酒を楽しむという。

このチャーシュー釜を利用して、他に、夏季の「冷やし中華」ように鶏ムネ肉のチャーシューを作ったり、また、夜のつまみ用に網をかけて魚を焼くこともあるという。魚もふっくら上手に焼けるという。

吊るし釜焼きチャーシュー

材料

・豚バラ肉 ・豚モモ肉 ・醤油 ・粗糖

一晩水に浸けて血抜きをした豚バラ肉、豚モモ肉を醤油ダレに3〜4時間浸ける。醤油ダレは丸大豆醤油を沸かしてアクを取り、そこに粗糖を加えたもの。

040

人気ラーメン店の調理技法 神奈川 横浜 らーめん森や。

フックは、脂身のところにかけると焼いている途中で外れやすいので赤身の部分にかけて吊るす。豚バラ肉の焼き時間は1時間30分ほど。豚モモ肉は2時間ほど。バラ肉とモモ肉で焼き時間が違うので、まず豚バラ肉だけで焼く。チャーシュー釜には、一度に肉を10本吊るせる。

釜のフタのところに空気腔がある。ここの開閉の具合で火加減を調整する。

肉から出る脂は下に置いたボウルに溜まるようになっている。炭火の薫香をまとった豚の脂で、焼き上がりに近づいたら、この脂を上から炭の上にたらして燃やし、炭火の香りをしっかり肉の表面にまとわせる。また、この脂で、チャーシューの端肉を角切りにしたものを炒め、醤油ダレで味付けし、「ちゃーしゅーごはん」をだすときもある。脂に炭火の薫香が付いているので、香ばしく仕上がる。

表面の焼き加減を見るのと、竹串を刺し、そこからにじみ出る肉汁の透明度を見て焼き上がりを判断する。何度も串を肉に刺すと、肉の酸化が進むので、一発で判断できるようにしている。
焼き上がったら、冷まして、冷蔵庫で保存する。「肉を食べている」ことを実感でき、豚肉の味わいが、噛みしめるごとに口の中に広がるよう、5mmほどの厚みを持たせてカットする。

細ストレート、中太ちぢれ麺を用意して、選べるように

細麺はストレート麺で、北海道産の4種類の小麦粉を配合。黒富士農場の放牧鶏の自然卵を合わせて製麺している。中太麺は、ちぢれ麺で、北海道産小麦「はるゆたか」100％の麺にして、玉子は入れていない。加水は32％前後で調整し、2日冷蔵して寝かせてから使う。麺は、引き締め効果があるので酸性水で茹でている。

細ストレート麺

材料

・ユメチカラ ・キタホナミ ・春よ恋 ・はるゆたか
・卵（黒富士農場の放牧鶏） ・かん水 ・塩 ・水

細ストレート麺の加水は、夏季で28％、冬季で30％ほど。かん水溶液と小麦粉を合わせて3〜5分ミキシングする。

最初のミキシングの途中、ミキシングの羽にくっついた生地を取りながら全体を均等にミキシングする。続いて粗麺帯を作る。

粗麺帯を2つに分けて合わせを1回。

打ち粉を振りながら圧延を1回。

042

人気ラーメン店の調理技法 神奈川・横浜 らーめん森や。

麺帯はビニール袋で包んで、4時間ほど休ませる。

細麺は、冷蔵庫で2日ねかせる。ねかせることで締まりのある麺になる。冷蔵庫の中で結露するので、麺箱にまずビニールを敷いて、その上に紙を敷いて、さらにタオルを敷いて、その上に麺を並べ、冷蔵する。細麺の他、はるゆたか100％の中太ちぢれ麺、限定ラーメン用の十勝産の小麦粉だけの麺を作っている。

切り出しの作業。切り歯24番で、1玉130～140gにまとめる。

細麺の茹で時間は、1分ほど。引き締め効果があるので、麺を茹でる水は酸性水を使用している。

043

らーめん（正油）の仕上げ方

丼に、胡椒、山椒の粉を少々と、醤油ダレ、鶏油と少しの背脂を合わせる。醤油ダレは小豆島と大分の醤油とホタテ、しいたけのだしを合わせ、スト日本酒を加えてひと煮立ちさせたもの。

温めておくスープを注ぐ。

茹で上げた麺を入れる。「正油」は、細ストレート麺では760円。はるゆたか100％の中太ちぢれ麺だと880円で提供。

豚バラ肉、豚モモ肉の吊るし釜焼きチャーシューをトッピング。「肉を食べている」ことを実感でき、豚肉の味わいを噛みしめるごとに口の中に広がるよう、5mmほどの厚みでチャーシューはカットしている。

重版出来!!

実例 飲食店のすごい店長

チームをつくる・お客をつくる・売上をつくる

必読その1
飲食店のすごい店長が実践しているチーム力アップ作戦・顧客満足度アップ作戦・売上アップ作戦etc.
様々なノウハウが満載！

必読その2
すごい店長を育てる外食企業の人材育成のノウハウも大公開！

必読その3
人材育成がすごい『DRAEMON』の赤塚元気氏が「店長の極意」を伝授。

旭屋出版刊
定価 **1800**円+税

メンマは、塩蔵メンマをアルカリ水で塩抜きし、煮豚のタレ、昆布だし、粗糖、ごま油で味付けしている。

卓上調味料として、胡椒、七味唐辛子の他、塩ラーメン用にレモン唐辛子、醤油ラーメン用に四椒粉、味噌ラーメン用に黒胡麻カレー粉を置いて、「味変」を楽しんでもらえるようにしている。

神奈川 横浜

横浜中華そば 維新商店

「懐かしい中華そば」で、若者から年配者まで満足してもらう一杯に

　店主の長崎康太さんは、2008年に神奈川県大和市に『麺や　維新』をオープン。2013年に横浜に『横浜中華そば　維新商店』をオープン。『麺や　維新』は2013年に東京・目黒に移転した。2店はタイプの違うラーメンを提供しながら、どちらも繁盛を続けている。

　『麺や　維新』は、比内地鶏のだし、比内地鶏の鶏油の旨みを生かして生揚げ醤油と合わせたキレのある無化調スープに、すすり心地のいいように長めに切り出し、全粒粉を加えた香りもいい自家製細麺を合わせた。『麺や　維新』はミシュランガイドの2015年ビブグルマンに選出されたこともあり、女性客の人気をいっそう高めている。

　『横浜中華そば　維新商店』は、濃口醤油の味わいの鶏ガラ主体の、豚足や背脂でコクをプラスしたスープで、生姜の風味もきかせ、昔ながらの中華そばをイメージ。スープとのからみを良くした、多加水の手もみ太ちぢれ麺と背脂・鶏油を合わせて人気を博している。大盛り無料で690円とし、値段も含めて「懐かしい味」を追求した。2人に1人は大盛りで注文する。また、味玉とチャーシュー3枚とワンタンがのった一番値段の高い「特中華そば（1000円）」が一番出る。平日は近隣のサラリーマンで昼も夜もにぎわう。周辺に住む若い人から年配まで客層は広く、土曜日・日曜日には遠方から来る人も増え、15席でコンスタントに1日200杯以上売っている。

中華そば 690円

鶏ガラがメインのスープに鶏油、豚肩ロースを炊くチャーシューの煮汁をベースにした醤油ダレ。多加水の太ちぢれ麺で、「懐かしい中華そば」を追求した。麺は150gで大盛りは230g。大盛り無料にしている。

店の2階で自家製麺している。恒温高湿庫で1日ねかせた麺を手もみして、食感を楽しめる麺にしている。

つけそば 790円

麺は中華そばと同じ。つけそば用には別の醤油ダレを用意。香味油には煮干し油を合わせる。麺は中盛りで300g。茹で時間は6分～7分。

■ SHOP DATA
住所／神奈川県横浜市西区北幸2-10-21横浜太陽ビル　電話／045-324-0767　営業時間／11時～15時、18時～22時　土曜日・祝日は11時～22時、日曜日は11時～15時　定休日／不定休

〈 味のチャート 〉

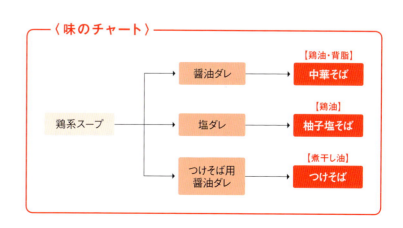

鶏系スープ

材料
・鶏首付き胴ガラ（銘柄鶏）・丸鶏・モミジ・豚足
・豚背脂・鶏油・生姜・ニンニク・πウォーター

寸胴鍋に水を張って、鶏油を入れて火にかけ、溶かす。溶けてきて出てくるアクを取り除く。スープ用の水は、πウォーターを使用している。

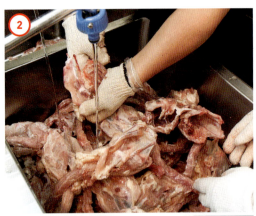

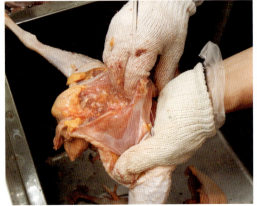

鶏胴ガラに付着している内臓を取り、洗う。丸鶏の中も掃除する。

鶏ガラをメインに使い、若者から年配者まで好まれるスープに

鶏の旨味を生かした、わかりやすい味をスープには追求した。鶏の味をしっかり出し、キレも出したいので鶏首付き胴ガラは多く使い、銘柄鶏を選んでいる。そこに、コクと旨味をプラスするために、豚足、背脂も合わせた。「昔ながらの中華そば」をイメージし、生姜を多く一緒に炊いている。

スープは、51cmのステンレス製寸胴鍋2本で取り、作ったスープは、味がまとまるので1日ねかせてから使う。

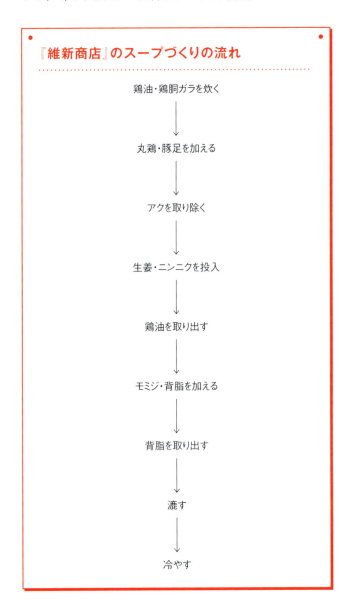

『維新商店』のスープづくりの流れ

鶏油・鶏胴ガラを炊く
↓
丸鶏・豚足を加える
↓
アクを取り除く
↓
生姜・ニンニクを投入
↓
鶏油を取り出す
↓
モミジ・背脂を加える
↓
背脂を取り出す
↓
漉す
↓
冷やす

人気ラーメン店の調理技法 **神奈川・横浜** 横浜中華そば 維新商店

アクが出てくるので、目の細かい網で取る。初めにアクはしっかり取り除く。アクを取ったら、火加減を弱めて、フツフツと炊く。

アクを除いたら、生姜とニンニクを加える。生姜はスープに風味がよく移るようにスライスに。1つの寸胴鍋に500gほど合わせている。

鶏油がある程度溶けてきたら、鶏胴ガラ、丸鶏、半分にカットした豚足を加えて炊く。水量は材料がヒタヒタにかぶるくらい。強火で温度を上げていく。

背脂は2〜2時間半炊いて取り出す。取り出した背脂は醤油ダレと合わせてマッシャーでつぶし、氷水で冷やす。

ニンニク、生姜を入れて90分ほど炊いて、上面の鶏油をそっとすくい出して漉す。漉した鶏油はすぐに氷水で冷やす。

鶏油を取り出したら、モミジ、背脂を加える。モミジと背脂を加えるとスープの温度が少し下がるので、少しだけ火加減を強める。

050

人気ラーメン店の調理技法 神奈川・横浜 横浜中華そば 維新商店

背脂を出したら、漉す。上から、混ぜないようにスープをすくい出して漉す。上面の油がフタの役目をするように少し残してスープをすくい出す。

ガラが邪魔して上からスープを取り出せなくなったら、寸胴鍋の下に付けたバルブから抜いて漉す。

漉したスープは、銅製パイプを入れた鍋に移す。銅製パイプの中に冷水を通し、鍋の外は氷水を張り、外からと内からと両方から冷やして短時間でスープを冷やす。冷やしたスープは1日冷蔵庫でねかせてから使う。

中華そば用の麺

材料
・スーパーストロンガー（多田製粉）
・水 ・かん水 ・塩

準強力粉を使い、加水は39〜40％。卵は使わない。小麦粉に水を3〜4回分けて合わせながら8分〜12分ミキシングする。

チャーシュー

材料
・豚肩ロース
・チャーシューダレ（醤油、みりん、日本酒）

生の豚肩ロースを洗って、醤油、みりん、日本酒で3時間炊く。

煮た豚肉は冷蔵庫で冷やして肉をしめてから使う。

人気ラーメン店の調理技法
神奈川・横浜
横浜中華そば 維新商店

ばらがけして4mm厚ほどの粗麺帯を2つ作り、合わせて6ミリ厚にし、次は合わせて8mm厚ほどにする。

麺帯をビニールで包んで、15分～30分休ませてから圧延にかかる。

圧延は2回。1回目は5～6mm厚にし、2回目は4～5mm厚にする。2回目の圧延のときは、くっつきやすくなっているので打ち粉をしながらする。

圧延しながら切り出し。切り歯は16番だが、麺帯の厚みを出して切り口の断面を増やして味がのりやすい麺にする。1玉300gでまとめて恒温高湿庫で1日休ませてから使う。

中華そばの仕上げ方

麺は手もみして、食感に楽しさがある太ちぢれ麺に。茹で時間は4分〜4分半。

井に鶏油、醤油ダレ、おろし生姜を入れ、温めたスープを注ぐ。

茹で上げた麺を入れて、麺をならす。

チャーシュー、ねぎの小口切り、穂先メンマをトッピング。見た目にノスタルジックな印象を出すため、ナルトを1枚のせている。

054

新しい味・新しい技
現代そば料理

人気店レシピ147品

B5判・272ページ　定価2800円+税

【掲載店】
- 手繰りや　玄治【東京・久米川】
- soba　みのり【東京・拝島】
- 手打ち蕎麦　銀杏【東京・西大島】
- 庵　浮雨　un peu【埼玉・浦和】
- 掌庵　蕎麦　石はら　世田谷本店【東京・松陰神社前】
- 日本橋　本陣房【東京・日本橋】
- 季節の料理と手打ちそば　ふく花【東京・東中神】
- 笊そば　蕎すけ【東京・護国寺】
- 石臼挽き手打そば　吟【東京・小平】
- 蕎麦割烹　武蔵小山　くらた【東京・武蔵小山】
- 手打そば　太古福【東京・三鷹】

旭屋出版　〒107-0052　東京都港区赤坂1-7-19　キャピタル赤坂ビル8階
販売部(直通)☎03-3560-9065　http://www.asahiya-jp.com

★お求めは、お近くの書店または左記窓口、旭屋出版WEBサイトへ。

神奈川 反町

ラーメン 星印
ほしじるし

醤油ラーメン、塩ラーメン、それぞれに魅力を際立たせる

　名店『支那そばや』のラーメン博物館店と本店で計7年勤め、そののち独立した沖崎一郎さん。淡麗な醤油ラーメンと塩ラーメン（数量限定）で人気を呼んでいる。

　スープは鶏をメインにし、いいだしが出る水量と炊く時間を計算して仕上げていく。スープに厚みを出すために豚骨スープを、味わいに広がりを出すために魚介だしを合わせる。鶏スープと豚骨スープを別々に作って提供時に丼の中で合わせていたこともあるが、一体感に欠けたので炊く時に合わせている。このスープを醤油ラーメンに使い、塩ラーメンのスープには、アジと平子の煮干しだしを配合する。

　醤油ダレは生醤油と火入れ醤油を合わせて6種類とリンゴ酢と日本酒、みりんで。塩のカドが立つので醤油ダレには塩は加えない。塩ダレは沖縄の海塩と中国の福塩とカキ、アサリ、昆布、椎茸、カツオ節、サバ節、干し貝柱のだしを合わせたもの。麺は醤油ラーメン用は切り歯18番、塩ラーメン用は切り歯20番で、醤油ラーメン用の麺の厚みは塩ラーメンと同じにし、少しだけ平打ちに。麺の幅0.03ミリの差だが、醤油ラーメン、塩ラーメン、各々に合う麺を追求して選んだ。

　数量限定では、「酢っぱ辛いラーメン（850円）」も提供。煮干しや干し海老やサバ節も合わせて作る和風を感じる自家製ラー油と黒酢をきかせた醤油ラーメン。黒胡椒の風味もよく合い、評判が広まっている。

特製・醤油ラーメン 1050円

丸鶏、鶏ガラ、モミジ、鶏の関節骨（グリ）をメインにしたスープには、豚骨スープも少し加えてなじませて厚みのある風味にする。醤油ダレは生醤油や白醤油、魚醤の6種類のみを合わせてキレのある醤油風味を出す。麺は塩ラーメンの麺と厚みは同じだが少し平打ちにした麺。しっかり湯切りし、スープとなじませて提供する。スープ、タレ、麺の、全てが合わさったときのバランス、まとまりの良さを到着点に考えながら店主の沖崎一郎さんは作っている。

人気ラーメン店の調理技法　神奈川・反町　ラーメン 星印

■ SHOP DATA
住　所／神奈川県横浜市神奈川区反町1-3-4 ルミノ反町
電　話／045-323-0337　営業時間／11時30分〜15時、18時〜21時　土曜日・日曜日・祝日は11時〜15時（ただし、材料なくなり次第閉店）　定休日／火曜日

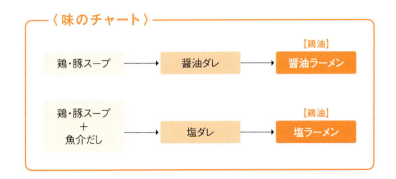

〈味のチャート〉

鶏・豚スープ → 醤油ダレ → 【鶏油】醤油ラーメン

鶏・豚スープ＋魚介だし → 塩ダレ → 【鶏油】塩ラーメン

塩ラーメン、醤油ラーメンの麺はともに中加水のストレート麺。塩ラーメン用の麺のほうが少しだけ細く切り歯20番で茹で時間は1分25秒ほど。醤油ラーメン用の麺は切り歯18番で茹で時間は1分40秒ほど。

塩ラーメン 750円

スープは醤油ラーメンに使うスープに、アジ煮干しと平子煮干しを炊いただしを合わせている。塩ダレは、カキ、アサリ、昆布、いしたけ、カツオ節、サバ節、干し貝柱のだしと沖縄海塩と中国の福塩を合わせたもの。麺は塩ラーメンの麺より若干細い中加水のストレート麺。香味油は鶏油で、比内地鶏、名古屋コーチンの鶏油を合わせて使っている。

057

鶏系スープ

材料

・名古屋コーチンの丸鶏 ・山水地鶏の丸鶏
・阿波尾鶏の鶏ガラ ・山水地鶏のモミジと関節骨
・比内地鶏の鶏油 ・生姜 ・ねぎ青葉
・チャーシュー用豚バラ肉と肩ロース ・だし昆布
・干しいたけ ・干アゴ ・カツオ厚削り ・マグロ節

鶏ガラは、付いている内臓を取りながら流水で流す。丸鶏は包丁で切れ目は入れなくても、πウォーターで炊くので最終的には煮崩れる。

60cmの寸胴鍋に丸鶏、鶏ガラ、モミジ、鶏関節骨、鶏油を入れ、水を張る。水位は低く、全体に火が回るように炊く。セラミックを入れ、フタをして沸かす。

沸いたらアクを取り、弱火にする。アクを取るのは、材料を投入した後だけ。こまめに取ると旨味まで取ってしまうので。

水位を低くし、寸胴鍋内全体の湯温にムラが出ない炊き方を

鶏類をメインに弱火で炊き、だしが一番よく出るタイミングを逆算して節類を後から投入して炊く。水はπウォーターを使用。寸胴鍋内の水がきちんと対流して上と底、外と内で湯温に差が出ないようにする。そのため、火の通りのいいステンレスの60cm寸胴鍋を選び、低い水位で炊いている。豚骨スープを少し合わせるのは、スープにコク、厚みを出すため。丼で鶏スープと豚骨スープを合わせて作ったこともあるが、一体感が出ないので、途中で合わせる現在の作り方にした。

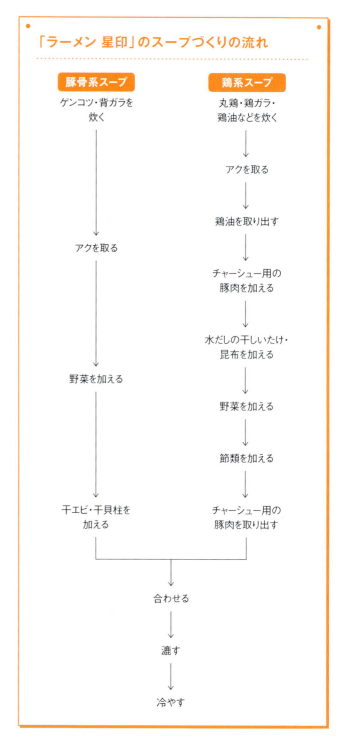

人気ラーメン店の調理技法 神奈川・反町 ラーメン 星印

1時間半ほど炊いたら鶏油をすくい出す。手鍋で受け、その手鍋の上澄みをすくって容器に移して冷やす。

鶏油を取り出したら、チャーシュー用の豚肩ロースと豚バラ肉を入れる。火加減は、弱火のまま。

1時間ほど炊いて、水出しした昆布、干ししいたけ、生姜、ねぎの青葉を加える。出てきたアクは取る。玉ねぎを加えたこともあるが、甘みが合わないと感じてやめた。

1時間ほど炊いて、アゴ煮干し、カツオ厚削り、マグロ節を加える。出てきたアクは取る。鶏系スープには、途中で水は足さない。

豚肩ロースは投入してから1時間半ほどで取り出す。肉らしい味わいを残したいので炊き過ぎないようにしている。

豚バラ肉は投入してから2〜2時間半炊いてやわらかくする。尻に近いほうのバラ肉は脂が少ないので、やわらかくするのに長めに炊く。

059

2時間半ほど炊いたら、ニンニクと大根を加える。大根は、豚の臭み消しの役割をする。沸いて出てきたアクは取る。

野菜を入れて1時間ほど炊いて、干し貝柱、干しエビを加えて炊く。出てきたアクは取る。

豚骨系スープ

材料

・背ガラ ・ゲンコツ ・大根 ・ニンニク ・干エビ
・干貝柱

ゲンコツ、背ガラは水に浸して血抜きをしてから36cmのアルミの寸胴鍋で炊く。水は同じくπウォーター。同じく水位は低めで中火で炊く。60cm寸胴鍋で作る鶏スープに対して、この割合。

沸いたらアクを取る。アクを取ったら2時間半ほど炊く。途中で水は足さない。

人気ラーメン店の調理技法 神奈川・反町 ラーメン 星印

1杯の丼にまとめるための、肉の味付け、仕上げ方を

スープ、タレ、トッピングは、丼で合わさったときの完成品での味わいを大事にしている。スープは、茹で上げた麺を合わせると味が変わる。そのとき、麺とスープがよくなじむよう、湯切りを徹底し、丼のスープの中で麺を泳がせる。また、チャーシュー用には国産豚を選び、肉の味わいがある豚肉なので味付けはほとんどしない。トッピングしてもスープの味に影響しない味付けにし、肩ロース、豚バラのそれぞれのおいしい食感を追求した。

チャーシュー

材料
・豚肩ロース ・豚バラ肉 ・醤油 ・みりん ・日本酒

豚肩ロースは肉の食感をしっかりと味わえるように炊き、豚バラ肉はやわらかく炊く。豚バラ肉は尻のほうは脂が少ないので長く炊くようにして、豚バラ肉の部分でも炊き加減を調整している。

炊いた豚肩ロース、豚バラ肉は、醤油、みりん、日本酒で煮る。少しの煮汁で、10分炊いて返して10分炊く。色づけ程度に煮るだけ。

鶏系スープ＋豚骨系スープ

チャーシュー用の豚肩ロース、豚バラ肉を鶏系スープの寸胴鍋から取り出したら、そこに豚骨スープを骨ごと合わせる。最終的に55ℓのスープを取るので、このとき、水位を調整する。

火加減は弱火のままで1時間ほど炊いて、鶏系スープと豚骨スープをなじませてから漉す。濁らせないよう、まず、静かに手網でガラや肉片をすくい出し、ゆっくり網で漉す。

シンクに水をはって粗熱を取り、冷蔵庫で冷やす。翌日、冷えて固まった上面の脂は捨てて温めながら営業用に使う。

ラーメンの仕上げ方

写真は、醤油ラーメンの仕上げ方。温めた丼に、鶏油、醤油ダレを入れ、手鍋で温めたスープを注ぐ。

醤油ラーメンの麺は1人前150g、茹で時間1分40秒。茹で麺機のテボの中で茹で、平網に受けて、麺を拡げてしっかりと湯切りする。

平網から丼に麺をすべり落とす。箸で麺をスープの中で泳がせて、スープと麺がなじむように意識しながら麺線を調える。それからトッピングをする。

062

ローストビーフ
人気店の調理技術とメニュー

■定価 2800円＋税
■B5判・152ページ

contents

■様々なジャンルの人気21店が、ローストビーフの作り方を公開

**人気店のローストビーフと
ローストビーフ料理**

正統派ローストビーフのほか、丼、サンドイッチ、パスタ、前菜など、多彩なローストビーフ料理とソースが登場！

〈掲載店〉

くいしんぼー山中
尾崎牛焼肉 銀座 ひむか
ラ・ロシェル山王
レストラン セビアン
カルネヤサノマンズ
トラットリア グランボッカ
ローストビーフの店 ワタナベ
ブラッスリーオザミ 丸の内
洋食レヴォ
キュル・ド・サック
バー チェロ
フレンチバール・レストラン アンティーク
那須高原の食卓 なすの屋
DON CAFE*36
イタリアンバル ハイジア 赤坂店
ドン ヤマダ
バール トラットリア トムトム 東向島店
拳ラーメン
フルーツパーラー サンフルール
ワイン酒場 エストワイ
Az

■老舗『東京會舘』からローストビーフ調理の4つの奥義を学ぶ

**伝統の技術を学ぶ
『東京會舘』のローストビーフ**

■『レ・サンス』渡辺シェフ提案、温製・冷製ローストビーフに合うソースレシピ集

**味のバリエーションが広がる！
ローストビーフのソース**

旭屋出版　〒107-0052 東京都港区赤坂1-7-19 キャピタル赤坂ビル8階
販売部（直通）☎03-3560-9065　http://www.asahiya-jp.com

★お求めは、お近くの書店または左記窓口、旭屋出版WEBサイトへ。

KaneKitchen Noodles

東京 南長崎 / カネキッチン ヌードル

鶏の旨味を引き出すため、レシピの探究を続ける

　オープンは、2016年12月。その前は埼玉県朝霞市の飲食店の定休日に間借り営業をしていた。新店ではあるが、そのレベルの高さは埼玉時代からラーメン通の中でも評判が高く、オープンと同時に人気店になっている。

　間借り営業時代は、「醤油らぁめん」と「清湯煮干しらぁめん」だったが、そこに「塩らぁめん」と「つけめん」と限定を追加。一番人気は、埼玉時代から「醤油らぁめん」。スープは、鶏がメインで、鶏の旨味を重ねるために使う鶏の種類と量を増やし、組み合わせる。そして、鶏の旨味を生かすために、豚骨や野菜などの合わせる材料を決めている。炊く順番、炊く温度も考慮して作っている。しかも、その作り方、材料の鶏の種類と組み合わせは日々研究をし、改良をしている。この記事の取材時の2017年7月は親丸鶏をメインにスープを取っていたが、同年11月からは地鶏の丸鶏と胴ガラに、丹羽黒鶏、名古屋コーチン、吉備鶏、阿波尾鶏のガラの量を増やす予定だという。スープの香りや呑んだ後のまとわりつくいい感じが増すように試作中で、それに合わせて醤油ダレの改良も考えている。

　今夏出した「冷やしトマトと4種煮干しの冷やしらぁめん for イタリアン2017」や今秋の「牡蠣の潮らぁめん～磯の香り」など、季節の限定ラーメンも注目度がましている。

味玉・醤油らぁめん 880円

3種類の銘柄鶏と旨味の強い親鶏をたっぷりと使い、豚のゲンコツのスープで鶏の旨味を底上げした清湯を使用。さらに鶏だけでは補えない旨味、味の深みを昆布やしいたけなどの節系と貝で補填する。醤油ダレは色味と香りを重視し、多種類の醤油を組み合わせる。トッピングは鶏ムネ肉と豚肩ロースのチャーシュー2種類に、カツオ節ベースのだし醤油に漬けた味玉、メンマ、白ねぎ、三つ葉を乗せる。仕上げに鶏油を回しかけ、香りのインパクトを打ち出した。

人気ラーメン店の調理技法

東京・南長崎 KaneKitchen Noodles

■ SHOP DATA
住所／東京都豊島区南長崎5-26-15 マチテラス南長崎2F-A2F-A　電話／03-5906-5377　営業時間／11時30分～15時、18時～21時 日曜日は11時～15時　定休日／月曜日

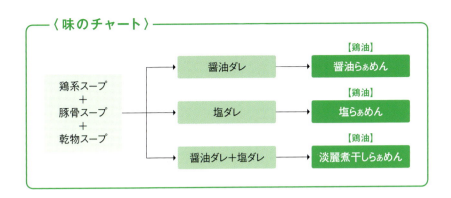

塩らぁめん 780円

「醤油らぁめん」と同じスープを用いる。塩ダレの塩は沖縄産シママースとモンゴル岩塩、ゲランドの塩、瀬戸内の塩の4種類を配合。塩だけでは旨味がないため、水出しした節系スープにカキ、アサリ、さらに鶏スープを加える。麺は東京・久留米の「三河屋製麺」特注の中太ストレート麺。オペレーションを考慮し、すべてのメニューで茹で時間を変え、同じ麺で合わせる。すっきりとした塩味には穂先メンマとレッドオニオンを加える。

豚骨スープ

材料
・ゲンコツ

小鍋に洗ったゲンコツと水を入れ、一度沸騰させてからアクを取り除く。その後は沸騰させず、火加減を調整しながら6時間炊く。最終的に2〜3ℓがとれるよう、都度水を足す。

鶏系スープ

材料
・名古屋コーチン丸鶏 1羽 ・吉備鶏丸鶏 2羽
・阿波尾鶏の胴ガラ 5kg ・手羽チップ 6kg
・親鶏丸鶏12kg ・ゲンコツ 1/4本 ・真昆布 18g
・干しいたけ 18g ・ヒラコ煮干し 75g
・宗田カツオ節 35g ・サバ節 15g ・ホンビノス貝 00g
・リンゴ 1/2個 ・玉ねぎ 1/2個 ・水 25ℓ

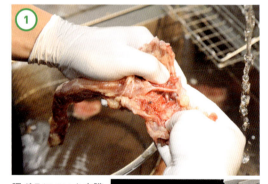

①胴ガラについた内臓を取り除く。内臓は雑味となるため、流水できれいに流す。水を張った寸胴鍋にまず胴ガラを入れる。胴ガラは動くと崩れスープが濁るため、一番下に入れる。

清湯の条件は温度管理と鶏ガラ類を動かさないこと

「都内でやるなら、スープの濃度が高い方がフックになる」と店主の金田広伸氏。味のある名古屋コーチンの丸鶏と吉備鶏の丸鶏、阿波尾鶏の胴ガラをベースに、旨味の強い親鶏を加えることでボディを上げる。ここに手羽チップでとろみを足し、スープに厚みを出す。鶏ガラ、丸鶏は下処理が大事で、内臓をきれいに取り除かないと雑味になるため注意する。またクリアな清湯に仕上げるためには、炊くときに胴ガラなどを動かさないことと温度を管理することが条件。温度は50℃〜60℃の間で1時間、94℃に上げ3時間半〜4時間で完成。途中、水出しした節系と沸騰させずに6時間炊いたゲンコツスープを合わせるが、入れるタイミングはスープの香りや色で判断する。

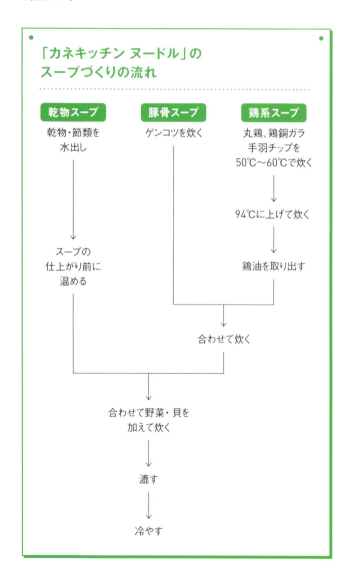

「カネキッチン ヌードル」のスープづくりの流れ

人気ラーメン店の調理技法　東京・南長崎　KaneKitchen Noodles

④
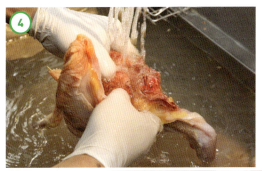

吉備鶏も同様に、残っている内臓をきれいに取り除く。丸鶏は2つに解体すると、味が出やすくなる。

⑤

残りの親鶏も内臓を洗い、寸胴鍋に入れる。上から水を張ったボウルをのせて重しにし、鶏ガラが動かないようにする。50℃～60℃の間で約1時間キープする。

⑥

94℃まで温度を上げ、約1.5～2時間後に鶏油用に上澄みの油を取る。すくった油は一度透明な容器に移すと、スープと油の分離が見え取りやすくなる。油はフタの役目を果たすため、完全に取り切らない。

②

IHの温度を57℃に設定し、加熱を開始。次に洗った手羽チップを胴ガラの上に入れる。IHは火加減の調整が不要で、温度を保持できるため管理が楽。

③
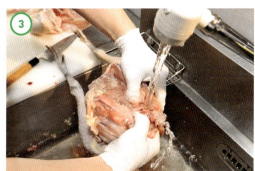

続いて名古屋コーチンは残っている内臓を取り除き、足、手羽、首などに包丁で切り込みを入れ、味を出やすくしてから寸胴鍋に入れる。

⑩ カットしたリンゴと玉ねぎを加える。一度温度が下がるため、再び94℃まで温度を上げ、さらに30分〜1時間キープする。

⑪ スープの完成は最終的には色、香りで判断する。取材時は94℃まで加熱した後、3時間45分で完成。

⑫ 下の胴ガラを動かさないよう、上の丸鶏を手で取り除いていく。丸鶏を上にしておくことで、スープ完成後に取り出しやすくなる。

⑬ 目の粗いこし器の下に、目の細かいこし器を重ねた2重のこし器でスープを漉す。胴ガラを動かさないよう、小鍋で静かにすくい出す。

⑦ 鶏油を取り終えたら、別鍋で炊いた豚ゲンコツスープを加える。ゲンコツスープはアクがあまり出ないため、漉す必要はない。

⑧ 再び水を張ったボウルを重しにし、94℃で1時間キープする。

⑨ 浄水で2〜3時間水出ししたしいたけ、煮干し、カツオ節、サバ節を軽く温めた後、寸胴鍋に加える。ホンビノス貝は塩抜きし、殻付きのまま入れる。

色、味、香りのバランスを考え、数種類の醤油をブレンド

醤油は多種類を使うことで色、味、香りをバランスよく構築する。例えば、たまり醤油はコクと深みを、濃口醤油と再仕込み醤油は色味を、そして生醤油は香りをとそれぞれの役割を活かす配合に。醤油は62〜64℃で1時間加熱して使うが、生醤油は熱に弱いため最後に加え風味を活かす。「だしは醤油の香りを邪魔する」（金田氏）との考えから、醤油と調味料のみでタレを構成。隠し味の旨味として、少量だけイワシの魚醤を加える。

醤油ダレ

材料

・丸中醤油　・日本一醤油　・弓削多醤油　・笛木醤油
・尾張たまり　・正金醤油　・イワシの魚醤　・みりん
・酒　・酢

非加熱醤油である日本一醤油以外の材料を鍋に入れ、62〜64℃で1時間火入れする。粗熱を取った後、冷蔵庫で一晩寝かせ、翌日から使い、1週間で使い切る。仕上げに正金醤油を合わせる。

小鍋ですくえなくなったら、鍋を傾けてこし器で漉す。胴ガラが崩れると濁りの原因となるため、静かに傾ける。

漉したスープは氷水で冷やし、1時間以内に20〜25℃まで温度を下げる。なるべく早めに冷やさなければ香りが飛び、劣化が早まる。

3℃に設定した冷蔵庫内で、一晩寝かせてから使用。冷えたスープの上に固まる脂は雑味になるため、きれいに取り除く。

IHヒーターのコンロで65℃をキープして45〜55分加熱する。袋を手で触り、炊き加減は見る。

さっと洗い、250℃のコンベクションオーブンで15分焼いて、表面をカリッとさせる。ラードとともに真空包装した状態で加熱するので、コンフィのようなしっとり、柔らかいできあがりに。

豚肩ロースチャーシュー

材料
・豚肩ロース ・塩 ・クレージーソルト ・ラード
・醤油 ・塩麹

豚肩ロースは1本2kgほどのサイズのものを仕入れる。表面の脂を切り取る。

鶏肉、豚肉の一品料理としても注文されるチャーシューに

チャーシュー（鶏ムネ肉、豚肩ロース）も人気メニュー。2人に1人がチャーシューが多くなるチャーシュー麺か特製を注文するので、昼の営業時間だけで豚肩ロースチャーシューが6kgほども出る。ラーメンのトッピングとしてだけでなく、「肉料理の一品料理」として注文されるよう、ハーブ塩を使ったり、真空包装機を活用して調理し、味わいに特徴を出している。

鶏チャーシュー

材料
・鶏ムネ肉（青森県産）・塩
・クレージーソルト（ハーブ塩）・ラード

鶏ムネ肉は皮を取り除く。全体に塩とクレージーソルトを振り、冷蔵庫でひと晩置く。

翌日、肉の表面の水けをキッチンペーパーで取り、真空包装する。このとき、少し温めたラードを入れる。

070

人気ラーメン店の調理技法 東京・南長崎 KaneKitchen Noodles

全体に塩、クレージーソルトをふり、冷蔵庫でひと晩置く。

翌日、肉の表面の水けを拭き取り、少しのラードとともに真空包装する。

IHヒーターのコンロで65℃をキープして4時間以上加熱する。炊き加減は袋を触って確認する。

袋から出して、醤油と塩麹を合わせたタレに1日浸す。

250℃のコンベクションオーブで30分焼く。香ばしい焼き上がりで、中はやわらかい状態の仕上がり。

071

ラーメンの仕上げ方

温めた丼に醤油ダレ30mlと鶏油5mlを入れ、温めたスープ300mlを入れる。鶏油は吉備鶏の皮とリンゴを隠し味に入れ炊いたものに、スープの上澄み油を加えたもの。

茹で時間55秒で引き上げた麺を丼に入れ揃える。麺は東京・久留米の「三河屋製麺」に特注する中太ストレート麺を1杯140g使用。麺線が長い麺は、すすった時に香りがたちのぼる。

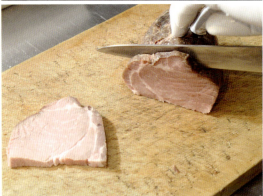

鶏ムネ肉と豚肩ロースのチャーシュー2種、メンマ、白ねぎ、味玉をトッピング。豚肩ロースチャーシューは、厚めに切り、食べたときに、その肉質のやわらかさがよく伝わるようにしている。

仕上げに鶏油を10ml回しかけることで、ひと口目に鶏の香りとインパクトが引きたつようにする。

072

イタリア ABM社 スライサー

うまさそのままに 切る！

スピーディで万全な
メンテナンス対応！

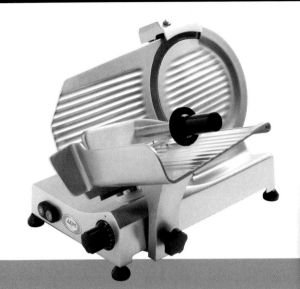

J-250
新機種
- 最大切断厚み13mm
- 丸刃寸法250mmφ
- 単相100V 60Hz/50Hz
- 肉台幅225mm
- 重量17kg

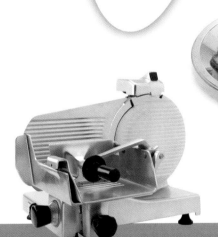

お求めやすい価格でお届けします。

AGS300S
- 最大切断厚み13mm ●丸刃寸法300mmφ
- 単相100V 60Hz/50Hz
- 肉台幅230mm ●重量29kg

AC300S
- 最大切断厚み13mm ●丸刃寸法300mmφ
- 単相100V 60Hz/50Hz
- 肉台幅220mm ●重量29kg

ヨーロッパで認められた高級品。優れた耐久性・安全性・衛生面

- オールアルミ製で、掃除が簡単で衛生的です。
- 丸刃は、特殊ステンレス製を使用しております。切れ味は抜群、長い間お使いいただけます。
- 焼肉、しゃぶしゃぶ、すきやき、野菜にも最適な万能タイプです。
- 丸刃の研磨は女性の方でも簡単にできます。

別機種も各種取り揃えておりますので、ご予算に合わせて機種をお選び下さい。

tazaki CO.,LTD.

本社／〒116-0012 東京都荒川区東尾久2-48-10
TEL 03-3895-4301 FAX 03-3895-4304

http://www.tazaki.co.jp

| 長野 松本 |

とり麺や 五色

油も塩分も控えめ。テーマは、胃もたれしない体に優しいラーメン

　コンセプトは、"体に優しいラーメン"。油控えめ、塩分も控えめ、上白糖や旨味調味料などの調味料は使わず、食材は、国産のもの、無添加のものに気を配る。週に一度、青竹で手打ちする自家製麺も、かん水の量を最小限に留めるなど、その姿勢は徹底している。スープに鶏を使うのは、脂の融点が豚よりも低いため。消化時に負担をかけず、「胃もたれしにくい」という理由で、鶏白湯と軍鶏清湯、2つのスープを軸にメニュー展開している。看板の鶏白湯「とり麺」は、鶏の旨味を余すことなく抽出しているため、鶏油をあえて使っていない。濃厚ながらもくどさがなく、食後感もすっきりしているのが特徴だ。信州黄金軍鶏で炊き上げるもう1つの看板「軍鶏そば」は、清湯ながらも濃厚な味わい。少量の水でじっくり旨味を抽出するほか、膝の関節付きのモミジを使うことで、コラーゲンたっぷりのスープに仕立てている。同店のもう1つの特徴は、個性豊かな限定メニュー。たとえば、水曜限定の"青竹手打ち麺"は、長野県産強力粉「華梓」と長野県産「石臼挽き全粒粉」の2種類の粉を駆使し、配合や加水率、太さを変えて、毎週特徴の異なる麺を提供している。月替わりの限定麺では、多国籍料理店でのシェフ経験を生かし、自家製ジンジャエールを使った炭酸スープのラーメンや牛肉のたたきにシャリアピンを添えた汁なし麺など、ジャンルに縛られない独創的な一杯を提供。常連客を楽しませている。

つけ麺 850円

青竹打ち麺を使った、水曜だけの限定麺。麺の太さや小麦の配合などは毎週替えていて、それに合わせてスープの内容も替えている。この日の手打ち麺は太麺。濃厚な鶏白湯(塩)のつけ汁と合わせた。

人気ラーメン店の調理技法　長野・松本　とり麺や 五色

■ SHOP DATA
住所／長野県松本市白板1-1-13
電話／0263-33-0853
営業時間／11時30分〜21時30分
（スープがなくなり次第閉店）
定休日／火、第4月休
規模／5坪・8席　客単価／800〜850円

〈味のチャート〉

```
                              【中太ストレート麺】
         ┌→ 塩ダレ ──────────→ とり麺
鶏白湯 ──┤                    【平打ち極太麺】
         └→ 醤油ダレ → 鶏油 → とり二郎
                                【細ちぢれ麺】
軍鶏清湯 → 醤油ダレ → 鶏油 → 軍鶏そば
```

基本の塩ダレに、さらに濃口醤油を加えて作る醤油ダレ。「とり二郎」のタレとして使っている。

とり麺味玉　900円

塩分や油分に頼らず、鶏の出汁だけでおいしく食べられる白湯を目指した。しっかり鶏の旨味が感じられるので、鶏油は不使用。ネギ、水菜、メンマ、岩のり、鶏チャーシュー（もも肉と胸肉）がのる。

軍鶏味玉 900円

信州黄金軍鶏で出汁をとった贅沢な清湯ラーメン。地鶏特有の力強い味わいと旨味が楽しめる。トッピングにはネギとメンマ、岩のりのほか信州黄金軍鶏で作る専用チャーシュー（もも肉と胸肉）がのる。

軍鶏清湯を炊く際にとれる鶏油（写真）は、「軍鶏そば」にのみ使用。「とり二郎」の鶏油は、鶏白湯の仕込み中に出るものだと下品な味わいになってしまうため、スープとは別どりしたものを使っている。

信州黄金軍鶏で作る2種類のチャーシュー。もも肉は皮目に黒胡椒、身の部分に塩ダレをふってフライパンで焼いている。胸肉は、ネギとショウガ、濃口醤油を合わせたタレで軽く煮たもの。

とり二郎 750円

"ヘルシー"というコンセプトは崩さずに、"ガッツリ"を表現した一杯。鶏白湯に合わせる醤油ダレは、量を多めにして、塩分を強めに効かせている。ニンニクと茹でキャベツ、茹で玉ネギがのる。

「軍鶏そば」には切り歯18番の細ちぢれ麺(左)、「とり麺」には切り歯18番の丸刃ストレート麺(手前)、「とり二郎」には切り歯18番の平打ち極太麺(右)を使用。

水曜限定の青竹打ち麺は、ラーメンかつけ麺のどちらか好きな方を選択できる。

鶏白湯

材料
・首付き胴ガラ(阿波尾鶏)
・モミジ(信州黄金軍鶏またはブロイラー)

一晩水に漬けて解凍・血抜きしておいた首付き胴ガラを流水に当て、背肝を掃除する。腸の一部が残っているとスープに臭みが移ってしまうので特に念入りに取り除くが、肺は味に影響しないのでそのままにしておく。

阿波尾鶏で炊き上げる濃厚鶏白湯と信州黄金軍鶏で炊く贅沢軍鶏清湯

スープは、阿波尾鶏で炊き上げる「鶏白湯」と、信州黄金軍鶏のみで炊く「軍鶏清湯」の2種類。ブロイラーのガラや丸鶏には独特の"ニオイ"があるため、どちらのスープにも使わないと決めている。阿波尾鶏も信州黄金軍鶏も肉付きのいいものを取り寄せているため、「丸鶏を使う必要がないんです」と店主の西沢寛佳さん。あっさり系のはずの軍鶏清湯も、鶏の旨味を際立たせた濃厚でマイルドな鶏白湯に負けないほど力強い味わいがする。清湯ながらも濃い旨味が抽出できるのは「最小限の水で炊く」から。水を入れる前の空の寸胴鍋に隙間なくガラを敷き詰めることで、最小限の水量で旨味を抽出することができるという。

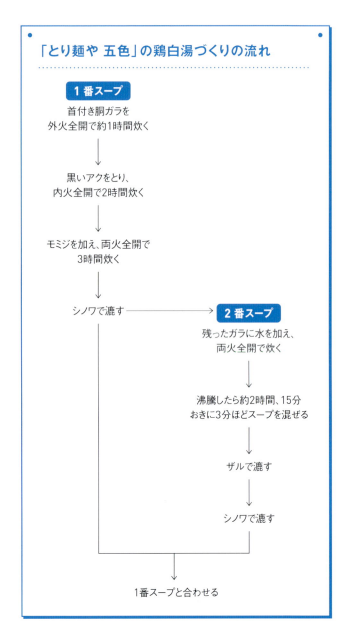

モミジを10分ほど流水に当て、つま先部分の皮を剥いておく。

首付き胴ガラがしっかり隠れるまで水を加え、外火を全開にして火にかける。

1時間ほど経つとアクが出てくるので、黒いアクだけ取り除く。アクを取り除いたら外火を消し、内火だけ全開にして2時間炊く。

2時間経ったらモミジを加え、外火も付けて全開の火加減でさらに3時間炊く。

シノワでスープを漉す。

残ったガラにもう一度水を加え、両火を全開にして強火にかける。沸騰したら、15分おきに3分間ほどスープを混ぜる。沸いてから、2時間ほどこの作業を続ける。

軍鶏清湯

材料
・首付き胴ガラ（信州黄金軍鶏）
・膝の関節付きモミジ（信州黄金軍鶏）・水

一晩水に漬けて解凍・血抜きしておいたガラ類を掃除する。流水に当て、首付き胴ガラに残っている背肺や肝などの内臓類はすべて取り除く。モミジはつま先部分の皮を剥いておく。

水を張る前の寸胴鍋に首付き胴ガラを隙間なく敷き詰め、その上にモミジを入れる。

舌ざわりやのど越しを目安に火を止める（目安は2時間）。ザルで漉す。

⑧のスープをシノワで漉し、⑥のスープに合わせる。スープは冷蔵庫で寝かせ、翌日に使用する。

080

白胡椒でアクセントをつけた出汁感強めのシンプルメンマ

羅臼昆布と花かつおの出汁の味わいを効かせた、シンプルな味わいのメンマ。「上白糖を使わない」と決めているため、甘みの代わりに白胡椒でアクセントを付けている。昆布は「"昆布感"が強く、旨味も強い」という理由から、羅臼昆布を選択。

メンマ

材料

・塩漬けメンマ ・水 ・羅臼昆布 ・花かつお
・濃口醤油 ・白胡椒

① 塩漬けメンマは30分〜1時間ほどかけて塩抜き、羅臼昆布は水出しをしておく。

② 羅臼昆布を中火にかけ、沸騰の直前で昆布を取り出す。花かつおを加え、沸騰したら弱火に落とす。

③ ひたひたに水を入れ、内火だけ弱火にして火にかける。スープが沸かないよう、火加減を常に調整しながら6時間炊く。目安の温度は90℃。ボコボコ沸かないように注意する。

④ 火入れから4時間経ったところで、表面に浮いた油をすくい取る。とった油は鶏油として使用する。

⑤ さらに弱火で2時間炊いたら、スープを漉す。スープは一晩冷蔵庫で寝かせてから使用する。

塩ダレと醤油ダレ
効率よく2種類のタレづくり

目指したのは、塩角のない、まろやかな"まとめ役"。水はだしがよく出る水素水、塩は手もみで仕上げる高知の天日塩、醤油はアミノ酸不使用の大久保醸造のものを使っている。「とり麺」で使用する際はこのまま"塩ダレ"として、「軍鶏そば」と「とり二郎」で使用する際は濃口醤油をさらに足して"醤油ダレ"として使用。醤油と合わせる際に、だしをできるだけ冷ましておくことで、醤油の雑味が出るのを防いでいる。

塩ダレ

材料
・羅臼昆布 ・水 ・天日塩（美味海） ・白醤油（笹の露）
・濃口醤油（金泉東）

羅臼昆布は3時間ほどかけて水出ししておく。

強火にかけて沸いたら火を止める。

花かつおを漉し、熱い状態の出汁に濃口醤油と白胡椒を加える。

水きりしたメンマを③に加えてひと煮たちさせる。粗熱がとれたら使用する。

082

2種類の粉でつくり上げる
バリエーション豊かな手打ち麺

使用する粉は、長野県産強力粉「華梓」と長野県産「石臼挽き全粒粉」の2種類で、配合や加水率、太さを変えて、毎週特徴の異なる麺を提供している。「華梓」は香りがよく歯応えのある食感に仕上がるところが気に入っているそう。粉の風味を生かすべく、使用するかんすいの量は最小限。足りない歯応えは、卵でカバーしている。

青竹打ち麺

材料
・華梓(長野県産強力粉) ・石臼挽き全粒粉(長野県産)
・粗塩 ・液体かんすい ・全卵 ・水 ・打ち粉(片栗粉)

総量1kgの量で計量した華梓と全粒粉を軽く手で混ぜ合わせる。この日の配合は華梓750g、全粒粉は250g。

粗塩(30g)と液体かんすい(10g)に全卵(2個)を加え、総量400gになるまで水を足す。全部合わせたらよく撹拌する。

天日塩を容器に入れ、熱い出汁を入れ、粗熱をとる。

常温になった③に、白醤油と濃口醤油を加える。冷蔵庫で一晩寝かせてから使用する。

③の小麦粉に②の半分量を回し入れ、指の付け根を使って水回しを行う。麺が切れないよう、粉の一粒一粒まで水が行きわたるように気を配る。

均等にそぼろ状になったら、残りの水分の半量を加え、さらに混ぜる。

さらに、残りの水分を加えて混ぜ合わせる。最初の加水率は40％に設定しているが、霧吹きでさらに加水し、最適な状態にする。最終的な加水率は45〜48％。

粉の粒が大きくなってきたら1つにまとめ、体重をのせながらこねる。

まとまった生地は、ビニールに入れて常温で2時間以上寝かせる。

打ち粉をして、体重をかけながら生地を広げ、綿棒を使ってプレスしながら均一に生地を伸ばしていく。

綿棒で生地が伸ばせなくなったら、生地を綿棒に巻き取る。丸めた状態のまま手前から奥へと押しながら転がす作業を3往復行う。

生地を180度回して広げ、手前から綿棒に巻き取り、丸めた状態で押しながら手前から奥へと転がす。この作業を3往復行う。さらに90度まわして横に広げ、手前から生地を巻き取って同じ作業を3往復行う。さらに180度まわして同じ作業を3往復行う。

45度の角度にして広げていくと生地が四角くなっているので、手前から巻き取り、押し伸ばす作業を3往復行う。さらに180度生地をまわして、押し伸ばす作業をさらに3往復行う。

90度まわすと長方形になっているので、厚さの状態を見る。まだ厚いようであれば、生地を手前から巻き取り、押しながら転がす作業を3往復行う。もう一度180度まわして3往復押し伸ばす。

ある程度の厚さになったら、生地を巻き取り、綿棒を抜く。ロール状になっている生地を青竹でプレスしていく。この時に、中央から左端に向かってプレスしていき、左端までいったら、中央から右端に向かってプレスする。右端までいったら、左端までさらに押し伸ばしていく。

生地を180度まわして、生地を広げる。綿棒で折り目をつぶすようにしてきれいにのばしていく。さらに薄くしたい場合はもう一度⑬の工程を繰り返す。

打ち粉を強めにふり、手前から半分に生地をたたんで打ち粉をする。さらに奥からも半分にたたみ、打ち粉をふる。この時、生地を裏返して耳の部分を奥に持ってくるときれいに切りやすい。

駒板とそば包丁を使い、押しながら切って麺線にする。麺を切る時に包丁を少し寝かせることで駒板が動くので、その角度で麺の太さを調整する。麺量を測りながら1玉ずつまとめた麺はビニール袋に入れ、冷蔵庫で保存。2晩寝かせてから使用する。

086

最新うどん

新しい味づくり＆売れるアイデア満載の人気店レシピ

◆本体2500円＋税
◆A4変形判・136ページ

人気店レシピ66品

【掲載店】
- ◆ 釜たけうどん（大阪・千日前）
- ◆ さぬきや（東京・高円寺）
- ◆ 悠讃（東京・飯田橋）
- ◆ はつとみ（東京・江戸川橋）
- ◆ 雅次郎（大阪・八尾市）
- ◆ TKU（大阪・玉造）
- ◆ 讃州（大阪・中津）
- ◆ 庄司（埼玉・川島町）
- ◆ あんぷく（神奈川・川崎）
- ◆ 佐久ら家（神奈川・鶴見）
- ◆ クロワ（東京・京橋）

ぶっかけうどん
ちく玉天ぶっかけ／昆布と長いもの冷たいうどん／冷天ぶっかけうどん／まいたけ天ぶっかけうどん／肉玉うどん／海老と揚げ餅のぶっかけ／（和牛）肉温玉ぶっかけ／キムラ君／元気うどん／辛味 ごま玉肉ぶっかけ／まぐろのたたきとトマトのぶっかけ

つけ麺スタイル
あさりつけめん／カニみそつけめん／すじ・コン・みそつけめん／下足天ひやつけ／すったてうどん（冷汁）／鬼おろしうどん／田舎汁うどん／肉汁うどん／ざるチャーシュー／ざる坦坦／あさりとクワトロフロマジョうどん／うまっ！ベジつけめん／つけ米粉うどん／炙り鴨汁うどん／牛肉と野菜つけうどん（釜あげ）／ごまトマ サラダつけうどん／肉つけかすおうどん

カレーうどん
特製カレーうどん／あいがけカレーうどん／仔牛のミラノ風カツがのったトマトチーズカレーうどん／冷やしカレーうどん／海老ジャガカレーうどん／カレー釜玉／鶏唐タルタルカレーうどん／野菜カレーうどん

冷かけうどん
ひやかけセット（天ぷら付）／冷やし坦々うどん／冷やしすだちかけうどん／梅茶漬けのうどん・冷／炙りゴマ冷汁うどん

肉・野菜・魚介のうどん
かわじま呉汁（みそ煮込みうどん）／味噌茶美〈みそちゃーみー〉／香りごま肉うどん／トマトと米沢牛の辛味うどん／ホタルイカと竹の子の焼きうどん／春の彩りうどん／春野菜と米沢牛のうどん／うまぁー豚うどん（イベリコ）／とんがり君／煮豚うどん／にんにく肉うどん／ねぎうどん／かもネギしっぽくうどん／ATBうどん／鶏パイタンかすおうどん

あんかけ・クリーム・和え麺のうどん
名物カルボナーラうどん／〆サバとブラックオリーブの冷製うどん／四川陳麻婆茄子うどん／とんこつちゃんぽんうどん／小海老といかの海鮮明太子クリームうどん／ごぼうのポタージュうどん／釜揚げしらすと梅ジュレのうどん／ミラカンうどん／カキと岩のりの餡かけうどん／けいらんうどん

人気うどん店の 麺・つゆ・味づくり
その製法と発想

お申し込みはお早めに！

★お近くに書店のない時は、直接、郵便振替または現金書留にて下記へお申し込み下さい。

旭屋出版 〒107-0052 東京都港区赤坂1-7-19 キャピタル赤坂ビル8階
☎03-3560-9065(代) 振替 00150-1-19572 http://www.asahiya-jp.com

東京 錦糸町

麺や 佐市 錦糸町店

カキの旨味を凝縮した、無化調スープが1日200杯！

　高級食材のイメージがあるカキを、スープとトッピングに贅沢に使った東京・錦糸町『麺や　佐市』。無化調ながら、カキを丸ごと飲んでいるような、濃厚でこってりした味わいに仕上げたラーメンが評判となり、9坪10席で一日平均200人、週末には400人前後を集客する人気店だ。2012年9月にオープンし、2016年11月には幡ヶ谷店も出店した。

　店主の東方田裕之氏は、無化調で流行の鮮魚系のラーメンを開発しようと、旨味の強いだしが出る素材をいろいろと研究。また元々フレンチレストランを経営しており、同店でもスープにバターを使い、洋食系の調理技術も取り入れて開発した。初期はエビとカキの二本立てで営業していたが、よりインパクトを強くするため、原価がかかるもののカキ一本に絞り込み、他にはない"カキラーメンの店"として評判を獲得することに成功したのである。

　カキはスープとトッピングの両方に使用し、1食あたりのカキの量はなんと約8個分にもなる。冷凍のむき身で仕入れ、スープ用には味わいにパンチがある小粒のものを中心に、トッピング用には見た目にもインパクトのある大粒のものを選ぶ。東方田氏の出身地がカキの名産地・広島であることもあり、広島産を中心に業者から大量にまとめて仕入れることで、原価をできるだけ調整。それでも原価率は50％前後をかけ、他では真似できない圧倒的な味わいを作り出す。

佐市麺 1150円

スープとトッピングにカキを使った、同店のメイン商品「牡蠣・拉麺」900円に、豚肩ロース肉のチャーシュー、煮玉子を加えた贅沢な全部のせバージョン。カキは1杯あたり約8個を使用。スープには、カキを煮詰め、バターを合わせたペーストを1人前70g加えており、無化調ながらカキをそのまま飲んでいるような濃厚なこってり味に仕上がっている。

人気ラーメン店の調理技法

東京・錦糸町

麺や 佐市 錦糸町店

■ SHOP DATA
住所／東京都墨田区錦糸4-6-9 小川ビル1階
電話／03-3622-0141
営業時間／月曜日〜木曜日は11時30分〜23時30分、金曜日と土曜日は11時30分〜24時、日曜日と祝日は11時30分〜22時　定休日／年中無休

〈味のチャート〉

トッピング用のカキは、やや大きめのものを選択。解凍して茹でた後、バターソテーし、醤油ダレで調味。あまり大量に作り置きはせず、なるべく少量ずつ頻繁に作る。

牡蠣・拉麺　900円

同店のスタンダードなカキのラーメン。客層を考え、原価率50%前後をかけつつ1000円以下の価格に設定。カキたっぷりなので、酒を飲んだ後にも人気がある。麺は、モチモチしてコシのある中太ちぢれ麺で、1人前160gを使用。

つけ麺 900円

カキがあまり得意でないというお客向けに、トッピングのカキを圧力釜で煮た豚肩ロース肉のチャーシューにしたバージョンも用意。つけ麺では、醤油ダレとスープをやや少なめにし、カキペーストは同量使用する。

店頭には、素材へのこだわりや味作りについて書いた看板を出し、専門性の高さをアピール。

濃厚なカキを支える
澄んだ味わいのWスープ

ラーメンとつけ麺とも、スープは共通で1種類。鶏ガラとモミジなどでとる「鶏ガラスープ」と、カツオ節やソウダ節など魚貝系でとる「和風だし」の2種類を合わせておき、提供時に小鍋で「カキペースト」と醤油ダレで調味する。味の決め手は、仕上げに加える濃厚な味わいの「カキのペースト」。ベースのスープはそれを支える役目で、目立ちすぎずクセのない味わいに仕上げている。

スープづくりには、効率とガス代を考慮し、圧力鍋を活用。「鶏ガラスープ」は、40kg分の鶏ガラ類を使用し、濃厚な旨みのスープをとる。脂部分は冷やしてしっかり取り除き、臭みがなく澄んだ味わいのスープに。「和風だし」は、昆布、椎茸、サバ節を使用し、圧力鍋で同じく短時間で仕上げる。

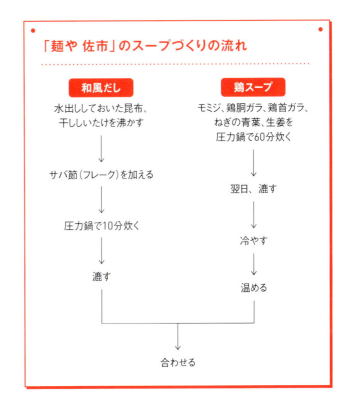

「麺や 佐市」のスープづくりの流れ

鶏スープ

材料
・鶏胴ガラ（首付きと首なし） ・モミジ ・生姜（スライス）
・白ねぎの青葉 ・水

鶏胴ガラ3に対しモミジ1の割合で使用。鶏胴ガラは、首付きのものと首なしのもの両方を使用。掃除して汚れや血合いなどを取り除き、圧力鍋に入れる。

翌朝、圧力寸胴鍋にチューブをつけ、中の液体分を寸胴鍋に移す。中の圧が抜けてしまっており、そのままではチューブから液体が出てこないので、圧力釜に専用の機械で圧をかけ、中のスープを搬送する。

圧力寸胴鍋の中では、上面に鶏の脂が浮いている。その脂が出てくる前に搬送を止めることで、澄んだスープ部分のみを取り出す。小分けして冷蔵しておく。

スライスした生姜、白ねぎの青葉を加え、水を張る。圧をかけずに通常のフタをし、沸くまで加熱。

沸いたところで、圧力鍋用のフタをし、密封して圧をかける。圧がかかってから1時間加熱する。その後、火を止め、フタを開けずに翌朝まで置いておく。

和風だし

材料

・昆布 ・干し椎茸 ・サバ節（粉砕） ・水

「鶏スープ」と同割で合わせることを考慮し、水量を決定。圧力寸胴鍋に水を張り、昆布、干し椎茸を入れて加熱し、沸いたところで粉砕サバ節を加え、圧をかける。圧がかかってから10分加熱し、1時間置く。

092

人気ラーメン店の調理技法 東京・錦糸町 麺や 佐市 錦糸町店

豚肩ロースチャーシュー

材料
・豚肩ロース ・濃口醤油 ・みりん ・ニンニク ・生姜
・上白糖 ・タカノツメ

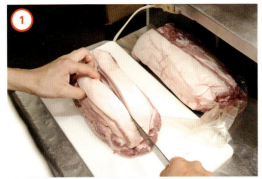

国産の豚肩ロース肉の固まりを、縦半分にカットして細長く成型する。

圧力鍋に1の豚肩ロース肉、濃口醤油以外の調味料類（みりん、ニンニク、生姜、上白糖、タカノツメ）を入れる。

圧が抜けたら、圧力寸胴鍋のフタを開け、昆布などを取り除いてから漉す。

鶏スープ＋和風だし

冷蔵しておいた鶏スープを沸かし、とったばかりの温かい和風だしを合わせる。急冷して冷蔵しておき、営業中は少量ずつ保温機で温めながら使用する。

093

フタをして加熱し、圧力がかかってから5分加熱する。

火を止めて圧を抜き、フタを開けて濃口醤油を加える。再度フタをして加熱し、圧がかかってから10分加熱し、そのまま2時間おく。

圧力鍋から豚肉を取り出し、冷まして冷蔵する。残った煮汁は味玉のつけダレのベースに使用。

つまみ三品 550円

ラーメン用のトッピングを盛り合わせ、酒のつまみとしても提供する。内容は、煮玉子、バターソテーしたカキ、豚肩ロース肉のチャーシュー、刻みねぎ、貝割れ菜。

人気ラーメン店の調理技法 東京・錦糸町 麺や 佐市 錦糸町店

カキを取り出し、汁気を切る。残った煮汁を漉し、煮詰めていく。

煮汁をじっくりと煮詰めていく。液体分がほぼなくなるところまで煮詰めたら、④で取り分けておいたカキを合わせる。

カキのペースト

材料

・カキ ・ラード ・ニンニク ・生姜 ・バター（無塩）

冷凍状態で仕入れ、解凍した5kg分のむき身のカキを、焦げないように混ぜながら加熱し、水分を出していく。

最初の5kg分のカキのかさが減ったところで、さらに5kg分のカキを加え、かき混ぜながら加熱していく。

カキからどんどん水分が出てくる。出てきた水分が沸騰するまで加熱する。ここまで大体1時間ほど。

ラードでニンニク、生姜、玉ねぎを炒める。

⑨ 無塩バターが溶けたら、ミキサーにかけ、ペースト状になるまで撹拌する。

野菜に火が通ったら、⑥に⑥のカキを加え、混ぜ合わせる。

冷水にあてて急冷する。冷えると固まるため、1人前あたり70gに小分けしてラップに包み、冷蔵しておく。

無塩バターを加え、沸騰するまで加熱する。

味付け玉子

材料
・卵 ・チャーシューの煮汁

沸騰したお湯で卵を5分半茹で、半熟状態に仕上げる。あげたらすぐに氷水で冷やす。

チャーシューの煮汁は、冷まして脂などを取り除いておく。茹で玉子の殻をむき、チャーシューの煮汁に漬け込む。落としフタをし、冷蔵庫で丸1日以上浸ける。

「牡蠣・拉麺」のスープの仕上げ方

スープは、圧力寸胴鍋で炊く鶏ガラスープと、干し椎茸や昆布やサバ節のだしを合わせたWスープ。営業中少量ずつ保温機で温めておき、注文ごとに1、2人前ずつ小鍋に入れて温める。カキペーストを加えて温めながらペーストを溶かす。

丼で醤油ダレとカキペーストと溶かしたスープを合わせる。醤油ダレは、濃口と薄口の醤油をベースしたもので、カキを邪魔しないシンプルな味わいにしている。

| 東京 早稲田 |

ラーメン巌哲(がんてつ)

味わい深い麺と独創的なスープで、遠方からのファンも獲得

　最寄りの東京メトロ早稲田駅から徒歩10分という決して良いとは言えない立地ながら、連日行列の絶えない人気店。大阪の有名店『豊中 麺哲』の店長を経て平松恭幸さんが2014年4月にオープンした。修業先の味を伝承しながらも、独創的な商品で「大阪の味で、東京で勝負」する。

　店の真髄は自家製麺。つるりとした喉ごしの良さと、しっかりと噛み応えのある麺が特徴。内モンゴル産の天然かん水と塩を使い、2種類の小麦粉をブレンドする。最高の状態で食べてほしいという思いから、「麺硬め」や「大盛」には対応しない。スープやチャーシューなどのトッピングも、麺をおいしく味わえることを追求して構成している。

　二大看板商品は「醤油」と「鮪塩」(しびしお)。「醤油」は、旨味がやさしくクセの少ない滋賀県の淡海地鶏からつくる清湯に、香り高い和風だしを合わせたスープ。「鮪塩」は、清湯に、関東ではなじみの薄い鮪(しび)節から引いただしを合わせ、さっぱりとした上品な味わいに仕上げる。

　東京では提供する店が少ない東大阪風の「中華そば」(850円)や、淡海地鶏の旨味を余すことなく楽しめる数量限定の「鶏そば」(1200円)も人気。週末限定の商品として、週替わりで創作塩つけ麺も提供する。「真サバ」「ムール貝」など天然の魚介のみを使った独創的なメニューは話題性も高く、ラーメンマニアのお客を足しげく通わせている。

肉醤油 1000円

豚モモ肉、肩ロースの焼き豚と煮豚の3種類のチャーシューが楽しめる。清湯、和風だしを合わせたスープに、3種類の醤油でつくるタレを合わせる。やさしい旨味のスープは麺の味をダイレクトに楽しめる。

人気ラーメン店の調理技法　東京 早稲田　ラーメン巌哲

■ SHOP DATA
住所／東京都新宿区西早稲田1-10-4
電話／03-6302-1281
営業時間／11時30分〜15時、18時〜21時
定休日／月曜日（祝日の場合は営業、翌火曜日休み）

〈味のチャート〉

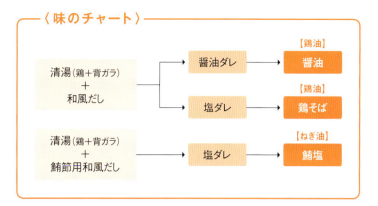

鮪チャーシューは玉ねぎのタレをからめて焼いて、日本酒でフランベ。塩ダレのスープでさっと炊いて取り出して盛り付ける。

鮪塩（しびしお） 990円

『豊中 麺哲』の店長時代に平松さんが考案。清湯に鮪節から引いた和風だしを合わせたスープに、麺にも使用している内モンゴル産の塩を使用。ニンニク、ごま油で香り付けした鮪チャーシューをトッピング。

清湯

材料
・首付き鶏胴ガラ(淡海地鶏) ・丸鶏(淡海地鶏)
・豚背ガラ ・豚肩ロース ・豚モモ肉の茹で汁
・豚肩ロースの成形時の脂身 ・ニンニク ・生姜 ・水

鶏胴ガラと丸鶏は冷凍で下処理済みのものを仕入れる。流水で軽く洗い流してから寸胴鍋(54cm)に入れる。チャーシューの豚肩ロース成形時に残った脂身も加える。

水に浸けて血抜きしてから下茹でして洗った豚背ガラ、チャーシュー用肩ロース、チャーシューの豚モモ肉の茹で汁を加えて湯を張る。ニンニク、生姜は臭み取りのためだけなので少な目。強火にかける。

麺のおいしさを生かすため、だしが強過ぎないスープを追求

すべてのラーメンの基本とするのが鶏清湯。店の真髄である自家製麺をおいしく食べてもらうために、清湯は味わいが重くなり過ぎないように注力する。鶏は脂が多くて甘みがやさしい淡海地鶏の首付き胴ガラと丸鶏を使用。豚背ガラも加えることで、鶏だけでは出せない力強い旨味を引き出す。始めから強火で一気に炊いて、アクをしっかり出し切るため、アクを取り除くのは2回のみ。アクが取り終わったら、だしの旨味が出過ぎないように4時間でスープを完成させる。二大看板メニューの「醤油」には真昆布、カツオ節、サバ節から取った和風だしを、「鮪塩」には真昆布、鮪節から取った上品な味わいの鮪節用和風だしを合わせる。

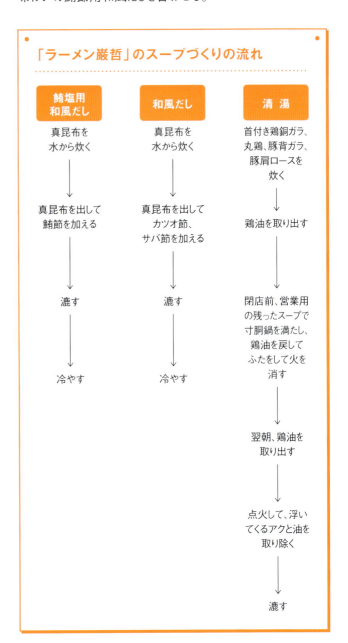

「ラーメン巌哲」のスープづくりの流れ

人気ラーメン店の調理技法 東京・早稲田 ラーメン巌哲

③ 温度が上昇するとアクが浮かんでくる。ここまで混ぜたりしない。この表面のアクを取り除く。アクを取りやすいようにニンニク・生姜を入れたザルは外す。

④ 表面のアクを取ったら、中のガラ、骨の裏側についているアクを浮き上がらせるためにひっくり返す。中身の配置を入れ替えるイメージで鍋底から大きくかき混ぜる。強火を保つ。

⑤ しばらく経つとまたアクが浮かんでくる。このアクは目の細かいアミでしっかり取る。時間をかけてきちんとアクがなくなるまで取り除く。

⑥ アクがきれいに取り終わったら、上部に溜まっている鶏油を一旦取り出す。鶏油を取らないと、鶏油がフタの役割をしてしまい、油の下で対流してスープが濁る要因になるから。鶏油は漉しながら小鍋に移す。

⑦ ニンニク・生姜のザルを戻し、湯がぐらぐらする手前の温度を保ち、4時間炊く。閉店前に、残った営業用スープを加えて寸胴鍋を満たし、鶏油を戻す。一度沸かしてからフタをし、火を止める。翌朝まで60℃以上の状態を保つことができる。

⑧ 翌朝のスープの状態。火にかける前に、上部に溜まっている鶏油を漉しながら小鍋に移す。この鶏油は「醤油」「鶏そば」に使用する。

101

鮪塩用和風だし

材料

・真昆布 ・鮪節(血合い抜き)
・水(軟水、πウォーター)

① 真昆布は前日に水出ししておく。水から火にかけ、85℃で炊く。昆布の旨味を引き出すために軟水とπウォーターを合わせた水を使用している。

② 真昆布を引き上げ、火を止めて鮪節を加える。かきまわして鮪節を沈め、10分ほど置く。

⑨ 鶏油を取り出したら点火する。アクと油が浮かび上がってきたら丁寧に取り除く。スープを漉しながら51cmの寸胴鍋に移していく。

⑩ 寸胴鍋に移したら点火し、浮かんできたアクをまた取り除いたら営業用スープが完成。濁らず透明な清湯にするために、炊いた寸胴鍋の底のほうのスープは漉さない。

人気ラーメン店の調理技法 東京・早稲田 ラーメン巌哲

スープの味の邪魔をしない 味わい異なる4種類のチャーシュー

「醤油」「鮪塩」に共通でのせるのは煮豚（肩ロース）のチャーシュー。清湯をつくる時に一緒に入れて炊いているので、鮪塩にのせてもスープの邪魔をしない。「肉醤油」用には、味の違いを楽しめるように豚モモ肉チャーシュー、肩ロースの焼き豚も用意。「鮪塩」には玉ねぎのタレにからめた香り高い鮪チャーシューをのせる。

豚モモ肉チャーシュー

材料
・豚モモ肉（SPF豚）・濃口醤油・ニンニク・生姜

豚モモ肉を寸胴鍋に入れて水を張る。ニンニク、生姜を皮付きのまま加えて、70℃で30分炊く。落としブタをして濃口醤油に90分漬け、冷蔵庫で冷やす。

漉しながら小鍋に移す。鮪節はギュッと押して最後の一滴まで絞る。つけ麺などだしを冷たく提供する場合は、だしの味が強くなり過ぎてしまうため絞らない。一回沸かしてから冷やす。

肩ロース焼チャーシュー

材料
・豚肩ロース（SPF豚）・塩 ・胡椒 ・ガーリックオイル

豚肩ロースのブロックは脂身を取り除いて半分に切る。脂身は清湯の材料として活用する。

塩、胡椒を振る。肉に厚みがあるので、万遍なくしっかりと味を付ける。ガーリックオイルをまわしかけ、手で揉んでしみ込ませる。

肩ロース煮チャーシュー

材料
・豚肩ロース（SPF豚）・濃口醤油

豚肩ロースは、清湯をつくる寸胴鍋に一緒に入れて炊く。80分経ったら取り出し、落としブタをして濃口醤油に90分漬ける。冷蔵庫で冷やして塩気を落ち着かせる。

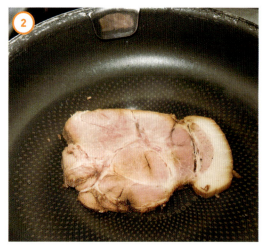

営業前に常温の状態に戻しておく。注文ごとに切って、フライパンで温め直してから提供する。

人気ラーメン店の調理技法 　東京・早稲田　ラーメン巌哲

鮪チャーシュー

材料
・メバチマグロ　・塩（内モンゴル産）　・塩水

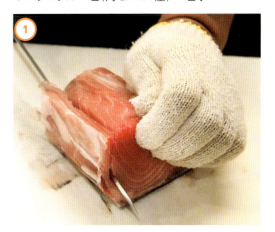

冷凍のメバチマグロ（天然もの）は海水濃度の3％の塩水（40℃）にくぐらせてから冷蔵庫で解凍する。筋や皮などを取り除き、サクにする。

メバチマグロは端切れを仕入れているため部位はさまざま。一つひとつ下処理をし、筋、小骨、皮など余分な部分を取り除く。

麺に使う塩と同じ内モンゴル産の塩を少量入れた熱湯にくぐらせる。これは仕上がりのとき、味がのりやすいように。軽く霜降り程度で引き上げて、氷水で冷やして色止めする。

途中で配置を変えながら、150℃のオーブンで30分焼く。

焼き上がったらラップでくるみ、冷蔵庫で冷やして味を落ち着かせる。

氷水から引き上げたら、ふきんで水気をしっかり取る。それぞれラップでくるんで、冷蔵庫で0℃の状態で保存する。注文ごとに取り出して、切って調理する。

つるりとした喉ごしの良さと食感を麺づくりでは追求！

通常、麺は2種類。「醤油」「鮪塩」用と、東大阪風の「中華そば」用に麺を使い分けている。喉ごしの良さとコシのある食感を追求し、内モンゴル産の天然かん水と塩を使用。「醤油」「鮪塩」用には、さらに粘りを出すために弾力のある名古屋コーチンの卵を加える。東京の水は関西に比べて硬度が高いため、しなやかな麺になるように軟水とπウォーターを合わせた水を使う。「麺を最善の状態で食べてほしい」という思いから、「麺硬め」や「大盛」には対応していない。

麺（醤油・鮪塩用）

材料
- 強力粉（オーストラリア産プライムハード）
- 中力粉（オーストラリア産ASW）
- 卵（名古屋コーチンSSサイズ）
- 天然かん水（内モンゴル産） ・塩（内モンゴル産）
- 水（軟水、πウォーター）

天然かん水、塩、卵を合わせて撹拌する。白身に弾力がある名古屋コーチンの卵を使用し、麺にねばりが出るようにする。小麦粉1kgに対して1個を入れる。

メンマ

材料
- 塩蔵メンマ ・チャーシューダレ ・鶏清湯（淡海地鶏）
- 黒ごま油 ・ラー油 ・水飴

塩蔵メンマは熱湯で炊いて塩気を抜いておく。鍋にメンマを入れ、チャーシューのタレ、清湯を加えて水分がなくなるまで炊く。

黒ごま油、ラー油、水飴を加えて、からめながら炒める。だしの味わいを邪魔しないように、甘みが繊細な水飴を使用。メンマに照りも出る。

プライムハード、ASWを真空ミキサーに入れ、練り水を加えて攪拌する。プライムハードを多めに配合し、加水率は40％。減圧して真空ミキサーにかける。

生地をローラーに少しずつ通してバラがけし、粗麺帯をつくる。製麺をする部屋は除湿器を設置し、常に湿度を40％に保つようにしている。

麺帯を2つにして、1回目の複合を行なう。

2回目の複合を行なう。高加水なため麺帯が切り歯にくっつかないように、打ち粉をしながら巻いていく。麺の厚みにばらつきが出ないように念入りに調整する。

圧延をしながら切り出しをする。切り歯18番のストレートで、1玉150gにまとめる。ふきんをかぶせて、麺が飴色になるまで常温で熟成させる。平均12〜16時間ほどで、季節によって熟成時間を調整する。

③ バラがけをする。粗麺帯をつくる。

④ 粗麺帯を2つにして1回目の複合を行なう。複合は2回する。

⑤ 2回目の複合時は、小麦粉を振りながら巻いていく。厚みが均等になるように調整しながら巻く。

⑥ 圧延しながら切り出す。切り歯14番のストレートで、1玉170g。熟成はさせず、その日の営業に使用する。

麺（中華そば用）

材料

・強力粉（オーストラリア産プライムハード）
・中力粉（オーストラリア産ASW）
・天然かん水（内モンゴル産）
・塩（内モンゴル産）・水（軟水、πウォーター）

① 真空ミキサーにプライムハードとASWを入れて軽く空回しする。もちもちした麺に仕上がるように、中力粉のASWを多く配合している。

② かん水、塩、水を加えて攪拌し、空回しが終わった小麦粉に万遍なくまわしかけながら加える。加水率は34％。減圧して真空ミキサーにかける。

人気ラーメン店の調理技法 東京・早稲田 ラーメン厳哲

麺を1分40秒前後茹でて平網で湯切りして丼に盛る。麺を最高の状態で食べてもらうために、大盛はなく替え玉で対応している。

「肉醤油」はチャーシュー3種類、メンマ、ねぎ、焼き海苔をトッピング。煮豚チャーシュー（肩ロース）は厚みがあるため、提供前にフライパンで温める。

「醤油」の仕上げ方

小鍋に醤油ダレを入れる。醤油ダレは、淡口醤油と2種類の濃口醤油を合わせたもの。この間、お湯を張って丼を温めておく。

清湯、和風だしを合わせて火にかける。和風だしは真昆布、本枯れ節、サバ節から引いたもの。サバ節を加えることで味わいに深みを出す。

鶏油、小口切りにしたねぎを丼に入れる。温めたスープを入れる。

③

油をフライパンにしき、鮪チャーシューをソテーする。日本酒を入れてフランベし、香りを鮪に移す。

④

フライパンに温めた①のスープを注いで煮立たせる。

⑤

マグロは煮過ぎるとパサパサになるので、さっと煮て、スープは小鍋に戻す。

「鮪塩」の仕上げ方

①

塩ダレ、鮪塩用和風だし、鶏清湯を小鍋で合わせて温める。

②

鮪チャーシューを切り身にし、玉ねぎなどでつくった塩ダレにからめて下味をつける。1人前3切れ。

110

重版出来!

居酒屋・バルの技アリ(ワザ)肉料理

牛肉・豚肉・鶏肉・鴨肉・馬肉 etc.

旭屋出版MOOK
定価2500円+税　232ページ

技アリのポイントを詳細に解説したレシピ130品を掲載

⑥ 丼に太白ごま油で作るねぎ油、小口切りにしたねぎを入れ、小鍋に戻したスープを注ぐ。

⑦ 麺を1分40秒前後茹でて丼に盛り付ける。⑤で別にした鮪チャーシュー3切れを盛り付ける。

⑧ 煮豚チャーシュー(肩ロース)、メンマ、大葉、青ねぎ、ほうれん草をトッピングする。

長野 上田

おおぼし 上田本店
うえだほんてん

万人受けするラーメンで、誰と来ても楽しめる味づくりを目指す

　2006年に開業した上田本店を拠点に、松本店、安曇野店と長野県内で3つの店舗を展開。すべて30席以上ある店舗で、家族3代で来店しても楽しめる味づくり、メニュー構成を目指している。看板は、マイルドな豚骨に背脂をふって仕上げる「ばりこて」ラーメン。"万人受けする味"をコンセプトに掲げているため、ゲンコツにモミジを加えて、クセのない、あっさりとした味わいに仕立てた。「ばりこて」ラーメンは、定番の「白」、博多ラーメン風の「ZERO」、ピリ辛の挽き肉をのせた「赤」、マー油をかけた「魚介」の全4種類。この4種類で、上田本店では全体の約7割、松本店では約8割、安曇野店では約6割を占めるという。何度来ても、誰と来ても楽しめるよう、「ばりこて」シリーズの他にも、鶏清湯と魚だしをブレンドしたあっさり系のラーメンや、つけ麺、まぜそばを手掛けるなど、ラインナップは豊富だ。どのラーメンも、基本的には食べ手を選ばないオーソドックスな味づくりをスタンスとしているが、マニアを意識した月替わりの限定麺も評判を呼んでいる。「新たに居酒屋を始めたことで、ラーメンにも季節感を意識するようになりました。これからは、"旬"を押し出した限定麺も作っていきたいですね」と店主の三森大祐さん。「居酒屋経営の利点を生かし、鮮魚系のメニューにも挑戦していきたい」と意気込みを語る。今後は、県内を中心にさらなる店舗展開を視野に入れている。

ばりこて 白 756円

豚骨をベースにモミジを加えて作るマイルドでコクのあるスープの上に、細かめながらも、粒の食感を残すようにクラッシュした背脂がたっぷりかかる。トッピングには、デフォルトで味玉が半個のる。

112

人気ラーメン店の調理技法 長野・上田 おおぼし 上田本店

■ SHOP DATA
住所／長野県上田市住吉102-3
電話／0268-26-2690
営業時間／11時30分〜15時LO、17時30分〜22時LO
定休日／無休
規模／40坪・45席
客単価／昼850円、夜950円

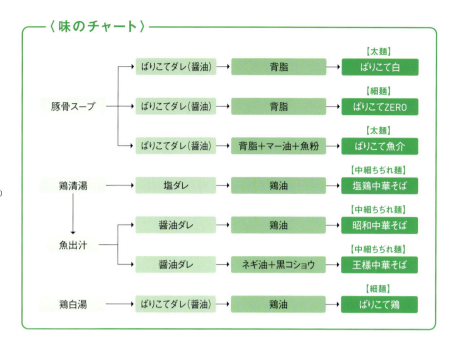

〈味のチャート〉

スープ	タレ	油等	麺・商品
豚骨スープ	ばりこてダレ（醤油）	背脂	【太麺】ばりこて白
豚骨スープ	ばりこてダレ（醤油）	背脂	【細麺】ばりこてZERO
豚骨スープ	ばりこてダレ（醤油）	背脂＋マー油＋魚粉	【太麺】ばりこて魚介
鶏清湯→魚出汁	塩ダレ	鶏油	【中細ちぢれ麺】塩鶏中華そば
魚出汁	醤油ダレ	鶏油	【中細ちぢれ麺】昭和中華そば
魚出汁	醤油ダレ	ネギ油＋黒コショウ	【中細ちぢれ麺】王様中華そば
鶏白湯	ばりこてダレ（醤油）	鶏油	【細麺】ばりこて鶏

ばりこて ZERO 756円

「ばりこて白」をベースに、コクの九州・博多風に仕上げた一杯。歯切れのよい低加水麺は、もともとイベント用に開発した麺で、30秒で茹で上がる。茹でのびを防ぐために乾燥卵白を使っている。

ばりこて 魚介 820円

豚骨スープにソウダ節の粉末をブレンドした、どっしりとした味わいのラーメン。魚介のキレが強い分、パンチを効かせるためにマー油を合わせている。濃厚なスープに自家製太麺がよく絡む。

背脂はかために茹で、ひと晩保温でやわらかくして使用する。豚骨スープに合わせる醤油ダレは、ザラメを加えて甘めに調整している。

豚骨スープ

材料
・ゲンコツ ・モミジ ・干し椎茸 ・ニンニク ・水

① 水洗いしたゲンコツを3時間80℃の湯に漬けて血抜きする。その間、湯は出しっぱなしにしておく。モミジも軽く洗っておく。

しつこさのない味わいを目指して スープ表面に浮く油はすべて排除

目指しているのは、旨味は強いが、しつこさのないスープ。豚頭や鶏ガラを使っていた時期もあったが、背脂との相性を考慮した結果、ゲンコツをメインにした現在のスープに落ち着いた。モミジを使用するのはスープになめらかさを出すため。チャーシュー肉をスープで煮ているので、肉の旨味も重なってコクのある味わいに仕上がっている。問題となるのは、豚バラ肉から出る脂。同店では、"毎日でも食べたくなるようなくどさのないスープ"に仕上げるため、仕込み中に浮いてきた脂は都度取り除く。完成したスープは、ひと晩冷蔵庫で寝かせてから使用するが、その際、表面で固まった脂もすべて取り除いてから使っている。

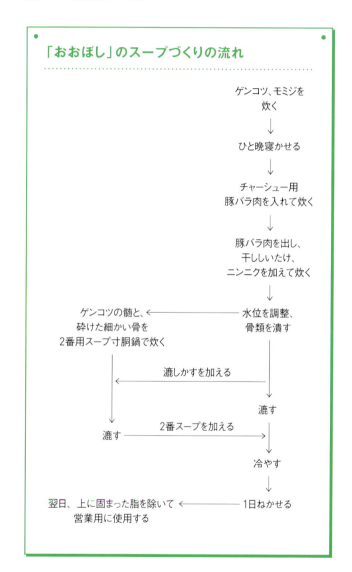

「おおぼし」のスープづくりの流れ

翌朝、強火にかけ、沸騰したら表面に浮いた脂をすくい取る。

チャーシュー用の豚バラ肉を入れ、弱火に落とす。沸騰するかしないかの火加減で1時間30分煮る。浮いてきたアクや脂はすくい取る。

ゲンコツを入れて湯を張り、強火にかける。泡に付着したアクをとりながら1時間30分炊く。

アクを取り切ったら、蓋をして弱火で2時間炊く。その際、寸胴鍋の内側に付着したアクもきれいにふき取っておく。

モミジを加えて強火にかける。沸騰したら外火だけにし、アクをとりながらさらに1時間炊く。炊きあがったスープは蓋をしてひと晩寝かせる。

116

人気ラーメン店の調理技法 長野・上田 おおぼし 上田本店

チャーシュー肉を抜き、差し湯をして干ししいたけとニンニクを入れる。背脂の煮汁がある時は、湯の代わりに使用する。焦げ付き防止のため、1時間ほどの間、15分おきにかき混ぜる。

湯を加えて水位調整を行い、骨類を叩いて潰す。

空の寸胴鍋に2番スープ用の湯を張り、ゲンコツの中に残っている髄を叩いて落とす。ゲンコツは捨て、2番スープ用の寸胴鍋に細かい骨やモミジを移し入れる。強火にかけ、素材を叩きながら30分炊く。

ゲンコツを抜き終わったらスープを漉し、2つの寸胴鍋に分け入れる。この時に出た漉しかすは2番スープ用の寸胴鍋に入れる。

117

冷蔵庫で1日寝かせて使用。表面で固まっている5cmほどの脂の層を取り除いてから火入れする。

⑩のスープに、炊きあがった2番スープを漉して加える。

⑪の寸胴鍋をシンクに入れ、流水にあてて粗熱をとる。

薄めのチャーシューダレで
しっかり中まで味付け

背脂ラーメンに合わせることから、ある程度のパンチを求めて豚バラ肉を採用。せっかくの肉の旨味を捨ててしまうのはもったいないので、肉はスープで煮る。高い温度で煮ると肉が縮んでしまうので、最弱の火加減でじっくり火入れ。さらにタレでも煮込み、やわらかく仕上げる。タレは継ぎ足しで使用し、1週間で廃棄。漬け込む時間は、タレの濃さによって変動させている。

チャーシュー

材料
- 豚バラロール
- チャーシューダレ（濃口醤油、みりん、ニンニク、生姜、長ねぎの青いところ）

仕上げ前の状態の2日目のスープに豚バラロールを入れ、強火にかける。湧いたら最弱の火に落とし、1時間30分煮る。アクはこまめに取る。

スープからチャーシュー肉を取り出し、温めておいたチャーシューダレに入れる。最弱の火加減で1時間30分煮る。

火を止め、3時間ほどタレの中で寝かせる。

味玉

材料

・卵 ・濃口醤油 ・上白糖 ・白だし

1. 熱湯に卵を入れ、8分20秒茹でる。

2. 流水にあてて粗熱をとり、氷水につけてさらに冷やす。

3. 濃口醤油、上白糖、白だしを合わせてひと煮たちさせておく。

4. 温かい状態のタレに、殻を剥いた卵を入れる。クッキングペーパーで落とし蓋をして状態を見ながらは15分漬ける。

5. 冷蔵庫で1日寝かせてから使用する。

タレから取り出し、粗熱が取れたら冷蔵庫で1日寝かす。

115℃に熱したホットプレートで温め、軽く焦げ目を付けて提供。仕上げに、塩とブラックペッパーをふる。

⑤ 濃口醤油、ザラメ、みりん、白だしを合わせてひと煮たちさせておく。

⑥ 2日かけて塩抜きしたメンマを水ですすぎ、タレの入った鍋に移し入れる。

⑦ 強火にかけ、沸騰したら弱火に落とし、混ぜながら1時間煮る。

⑧ 粗熱をとったら冷蔵庫へ。1日寝かせて使用する。

メンマ

材料

・塩漬けメンマ ・濃口醤油 ・ザラメ ・みりん
・白だし

① 塩漬けメンマを3回水ですすぐ。

② 1時間水を出しながら塩抜きを行う。

③ 水を張った容器にメンマを移し、1日漬ける。

④ 水を捨て、軽く洗って水を替える。もう1日水に漬ける。

ツルツル、もちもち コシのある角ストレート麺

看板の「ばりこて」をはじめ、「信州みそらーめん」や「まぜそば」など、メインで使用する切り歯14番の角ストレート麺は、湿度によって加水率33〜34％で変動させている。のど越しはツルツル、食感はもちもち。スープに合わせてシンプルで分かりやすい味の麺に仕立てた。麺は安曇野店で製麺。その日のうちに各店舗へと運び、それぞれの冷蔵庫で1日寝かせてから使用する。

麺

材料
・日清製粉「麗華」（準強力粉＋中力粉）
・粉末かん水　・水　・塩

水に溶かしたかん水と塩を小麦粉に合わせ、前半5分、後半10分ミキシングする。途中、均等に水がいきわたるよう、ロールやまわりについた生地を落とす。

バラがけを行い、粗麺帯を作る。複合を待つ間、乾燥を防ぐため、麺帯にビニールをかけておく。

複合は1回、圧延は3回行う。

人気ラーメン店の調理技法 長野・上田 おおぼし 上田本店

手前から時計回りに、メインで使用する太麺（切り歯14番、角ストレート、加水率33〜34％、麺量175g、茹で時間4分30秒）、替え玉と「ばりこてZERO」で使用する細麺（切り歯24番、角ストレート、加水率27％、麺量110g、茹で時間30秒）、月替わりの限定麺で使用する麺（写真は切り歯20番、角ストレート、加水率33％、麺量150g、茹で時間1分。提供するラーメンに合わせて、毎回麺は入れ替わる）。

最終的な麺厚は1.8mmに設定。切り歯は14番で切り出しを行う。

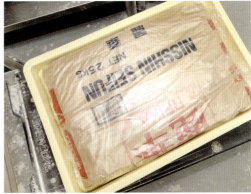

4〜6℃に設定した冷蔵庫に入れ、1日寝かせてから使用する。

東京 大塚
<h1>生粋 花のれん</h1>

女性や子ども連れが安心して通える店づくりで、1日140杯を売る

　1日に140杯を売る人気店ながら、来店客の6割は女性。「健康志向の高い女性から、食への意識が高い子ども連れのお母さんまで安心して来店できる店」を目指し、「無化調」「純国産」「天然素材」に徹底したラーメンづくりを行う。
　「醤油」と「塩」すべてのラーメンに使用する鶏清湯は、青森シャモロック、黒さつま鶏、比内地鶏の3種類の地鶏を使用。旨味など特徴が異なる数種の鶏を組み合わせることで、シンプルになりがちな鶏清湯に厚みのある風味を出す。さらに、アサリ、シジミ、ハマグリなどを煮詰めた和風だしを丼で合わせることで旨味を増幅して仕上げている。
　醤油ダレは、小豆島産の濃口醤油と再仕込醤油をベースに、群馬産の再仕込醤油を合わせる。さらにラーメンの仕上げには茨城産の濃口生醤油をスプレーして、一口食べた時に醤油の香りが広がるように工夫する。一方、塩ダレは沖縄産海塩をメインとし、愛知産の白醤油、熊本産の赤酒、塩麹を加えて塩味に奥行きをだした。
　店主・奥中俊光氏の妻・宏美氏の実家「山口や製麺所」から麺は直送。アレルギーを考慮して卵は不使用。栃木産小麦2種類に天然かん水で製麺した細ストレート麺と太麺を揃える。チャーシューは豚ロースと豚バラの2種類。共に白醤油に漬けて色味を美しく仕上げる。豚ロースは完成までに6日間を要するなど、手間ひまをかけることで付加価値を高めている。

味玉・塩　900円

鶏清湯の味わいをそのまま楽しめる一杯。塩ダレは沖縄産などの塩に、愛知産の白醤油「極」、熊本産「東肥赤酒」、塩麹を合わせる。醤油と和風だしなどに漬けた那須御養卵の味玉をのせる。柚子の皮の小片もアクセントにのせる。

人気ラーメン店の調理技法

東京・大塚

生粋 花のれん

■ SHOP DATA
住所／東京都文京区大塚3-5-4 茗荷谷ハイツ1階　電話／03-5981-5592　営業時間／11時30分〜15時、17時〜21時（日曜・祝日は20時まで）　定休日／木曜日

〈味のチャート〉

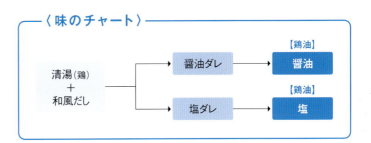

別取りした比内地鶏の鶏油250㎖、カメリアラード60㎖、スープの上澄み脂90㎖の割合で合わせたものを香味油として使用。

醤油ダレ、香味油、鶏スープ、貝だしを合わせ、茹で上げた麺を。そこにスプレーで茨城の柴沼醤油醸造の生醤油をかける。

特製・醤油 1000円

豚ロースと豚バラ肉の2種類のチャーシューが楽しめる。醤油ダレは小豆島の濃口醤油「菊醤」と再仕込醤油「鶴醤」、群馬の「にほんいち醤油 二段仕込」を合わせ、仕上げに茨城の濃口生醤油「紫峰の滴」をスプレーしている。

鯛昆布水つけ麺（夏季限定）
900円

夏季限定で提供するつけ麺。麺がほぐれやすいように、そしてスープの旨味が増幅するよう、麺を冷たいだしに浸したスタイルで提供する。塩ダレと魚介だしに漬けた小松菜、兵庫産焼き海苔をトッピング。麺は北海道産小麦に全粒粉を加えた食べ応えのある太麺で。

水出しした昆布と焼いた鯛カブトを炊き、鯛の尾や骨も追加して煮出しただしを器に張る。

季節の温野菜
（自家製ドレッシング付）200円

月替わりの野菜を茹でた単品メニュー。サラダとしてもトッピングとしても人気。塩ダレ、玉ねぎ、リンゴ酢などで作るドレッシング付き。月替わりの「炊き込みごはん」（200円）も好評。

鶏清湯

材料
- 首付き鶏胴ガラ（青森シャモロック、黒さつま鶏）
- 鶏ゲンコツ（青森シャモロック）
- 丸鶏（青森シャモロック、比内地鶏、黒さつま鶏）
- ドライトマト ・水（πウォーター）

①寸胴鍋に、肝と血合いを取り除いた青森シャモロックの首付き胴ガラ、刻んだドライトマトを入れる。底が焦げないようにザルを入れ、その中で炊く。ドライトマトは、生のトマトより旨味が強いので合わせる。

②鶏ゲンコツは包丁の背で叩いて割り、髄の成分が出やすいようにして加える。

鶏の雑味を存分に生かした清湯＋貝の旨味が詰まった和風だし

「醤油」「塩」のすべてのラーメンに使用するのは、鶏清湯と和風だしのWスープ。鶏清湯には青森シャモロック、黒さつま鶏、比内地鶏の3種類の地鶏を使用。「シンプルになりがちな鶏清湯を複雑な味わいにしたい」とさまざまな地鶏を試した結果、現在の組み合わせに落ち着いたという。部位も首付き胴ガラ、鶏ゲンコツ、丸鶏を使用してそれぞれの旨味を引き出す。さらに、浮かび上がってきたアクはあえて取り除かない。これは、鶏だけで取るスープなので少しクセがあったほうがいいと考えたから。和風だしは、昆布と椎茸を水出ししただしと、アサリ、シジミ、ハマグリ、ホンビノス貝、天然真鯛の頭から取った貝だしを合わせて香り高い上品な味わいに仕上げた。

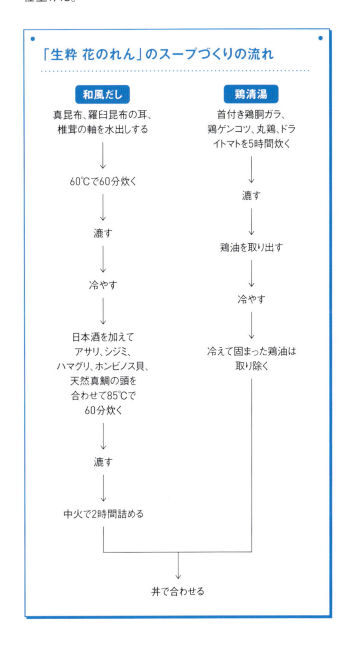

黒さつま鶏の胴ガラは流水で洗い、内側に付いている内臓などを取り除いてから鍋に入れる。

最後に丸鶏を。丸鶏はできるだけ手でバラして、内臓類を取り除いてから鍋に入れる。丸鶏は、青森シャモロック、比内地鶏、黒さつま鶏を2対1対2の割合で現在は使用。

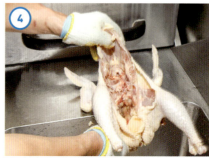

水を張って、強火で50〜60℃になるまで炊いたら、火加減を調整してその温度を60分キープ。続いて中火にして94℃まで温度を上げていく。その温度をキープして2時間炊く。途中アクは取らない。混ぜたりもしない。

炊き上がったら、漉す。できるだけ泡が立たないように注意しながら漉し網を低い位置で構えて漉す。スープは底の部分まですべてすくい取る。

漉したスープの上面に鶏油が上がってくるので、鶏油を取り出す。鶏油はスープのフタの役割もするので、全部取り出さないで少し残しておく。

シンクに水を張って冷やして30℃以下になったら、スープを小鍋に小分けにして冷蔵庫する。翌日、冷えて固まった上面の鶏油を捨てて営業用に使う。

128

人気ラーメン店の調理技法 東京・大塚 生粋 花のれん

和風だし

材料

・真昆布 ・羅臼昆布の耳 ・椎茸の軸 ・アサリ
・シジミ ・ハマグリ ・ホンビノス貝 ・天然真鯛の頭
・日本酒 ・水（πウォーター）

水、真昆布、羅臼昆布の耳、干し椎茸の軸を寸胴鍋に入れて、ひと晩置いて水出しをする。

水出しが終わっただしを火にかける。60℃を保ちながら60分炊く。

炊き上がったら漉し網で漉して、冷蔵庫で冷やす。

昆布と椎茸のだしをベースにし、アサリ、シジミ、ハマグリ、ホンビノス貝、天然真鯛の頭と日本酒を合わせて炊く。85℃を保ちながら60分炊いて漉す。これを中火で4ℓが1.5ℓになるまで詰めていく。詰める時間はだいたい2時間ほど。この濃縮和風だしを1人前10㎖、鶏清湯230㎖と合わせる。

メンマ

材料
・水煮タケノコ（福岡産）・醤油 ・日本酒 ・本みりん
・鶏湯 ・実山椒

メンマとして福岡産の水煮のタケノコを使用。国内で流通しているメンマのほとんどは中国産だが、国産にこだわり無添加で製造されたものを仕入れている。

水煮タケノコに、醤油、日本酒、本みりん、鶏清湯を加えて水分がなくなるまで炒め煮する。仕上げに実山椒をふる。4日に1度のペースで調理している。

味付玉子

材料
・卵（那須御養卵）・日本酒 ・本みりん
・淡口醤油 ・濃口醤油
・だしパック（昆布、干し椎茸、いりこ）・三温糖

卵はコクと甘みが強く、黄身が濃厚な栃木産の那須御養卵を使用。卵は6分40秒茹でて氷水に落としておく。

日本酒、本みりん、小豆島産の有機濃口醤油、兵庫産の天然醸造淡口醤油、だしパック、三温糖を20分火にかけて漬けダレを作る。茹で玉子を2日間漬ける。だしパックはだし昆布、干し椎茸、いりこを粉砕してブレンドしたもの。

東京・大塚　生粋 花のれん

人気ラーメン店の調理技法

2日漬けたら、そのままラップを巻いて糸で縛り、真空包装する。65〜68℃で1時間茹でる。ラップを巻くのは真空にしても形がくずれないようにするため。さらに糸で巻いて補強する。

茹でたらパックから肉を取り出し、巻いている糸をはずす。冷蔵庫で1日寝かせる。

6日かけて仕上げる豚ロースとふっくら豚バラチャーシュー

チャーシューは豚ロースと豚バラの2種類。豚ロースは完成まで実に6日間かける手間をかけた一品。赤酒と日本酒に漬け込み、さらに白醤油に漬けてから燻製にする。豚バラは白醤油に漬けて、盛り付ける直前に蒸籠でふっくら蒸し上げる。両方とも白醤油につけることで、肉の色味を生かした美しい仕上がりに。単品でもチャーシューごはんでも人気商品になっている。

豚ロースチャーシュー

材料

・豚ロース肉（東総もち豚）・赤酒 ・日本酒
・白醤油 ・燻製用チップ（サクラ、ヒッコリー）

肩ロース肉は、タレがしみ込みやすいように脂身側に千枚通しで穴を開ける。1.2kgほどのブロックに切り分ける。

ブロックごとにジッパー付き袋に入れ、熊本産の東肥赤酒、日本酒を同割で入れる。袋を水に沈めて水圧で中の空気を抜いて閉じ、冷蔵庫で2日間寝かせる。

1日寝かせ終わった状態。赤酒をブレンドすることで、日本酒だけでは出せない上品な旨味と甘みを引き出す。

寸胴鍋にビニール袋を入れ、キッチンペーパーをはずした肉を隙間なく並べて白醤油に漬ける。白醤油は、前回漬けた際に残ったものと、新しいものを同割でブレンド。寸胴鍋とビニール袋の間に水を注ぎ、水圧を利用して袋の中の空気を抜いてから冷蔵庫で2日間寝かせる。

ラップをはずし、肉の表面の脂をぬぐう。1つずつキッチンペーパーを巻いてしばらく置いて肉の表面の水分と脂を取る。

2日間寝かせて白醤油から引き上げた状態。白醤油は愛知産。甘みが強くて香り高く、肉の色味をきれいに保って仕上げる。

人気ラーメン店の調理技法　東京・大塚　生粋 花のれん

もち豚の炙り チャーシューごはん 300円

カットした豚ロースチャーシューを注文ごとにニンニクとリンゴを漬けたサラダ油で炒め、発芽玄米入りごはんに盛って、上から醤油ダレ、薬味をのせる。豚ロースチャーシューの端材を活用している。

⑨ ムクノキ製の燻製機でスモークする。60℃で30分燻製にかけたら、上下の位置を入れ替えてさらに30分燻製する。チップはサクラとヒッコリーをブレンドしたものを使用している。

⑩ 燻製機から引き上げ、熱を冷ましてから1つずつラップを巻いて冷蔵庫で保存をする。

⑪ 営業前に常温に戻す。胡椒をふってオーブンで焼成し、注文ごとにカットしてトッピングする。

豚バラチャーシュー

> **材料**
> ・豚バラ肉（東総もち豚）・日本酒・白醤油・塩
> ・胡椒・ナツメグ

豚バラ肉ブロックをビニール袋の中に並べ、日本酒を入れて冷蔵庫で2日漬ける。

2日間漬けた豚バラ肉を70分茹でる。茹でたら流水で洗って表面のアクをしっかり取り除く。

脂身の側にだけ胡椒、ナツメグを振る。肩ロースチャーシューと異なり燻製にはしないため、しっかりと下味を付ける。

ビニール袋の中で白醤油に漬ける。豚バラチャーシューに使う白醤油は、豚ロースチャーシューに使う白醤油よりクセのあるものを合わせている。前回漬けた白醤油を半分ブレンドして使用。冷蔵庫で1日置く。

1日漬けたらブロックごとにラップにくるんで冷蔵庫で保存する。提供前にカットし、ゆで麺機の湯気を利用して蒸籠で蒸し、ふっくらさせてトッピングする。

134

人気レストランが探究する スチコンで作る魅力料理

料理人の感性を刺激する「加熱」の妙技

- 定価 3500円＋税
- A4判・192ページ

【本書に登場するお店】
- La Biographie…
- ラ・ロシェル山王
- gri-gri
- Agnel d'or
- レストラン セビアン
- Cucina Italiana Atelier Gastronomico DA ISHIZAKI
- cenci
- RISTORANTE i-lunga
- erba da nakahigashi
- 3BEBES
- ZURRIOLA
- 京料理 木乃婦
- 料理屋 植むら
- 魚菜料理 縄屋
- 神田 雲林
- 唐菜房 大元
- Chi-Fu
- 拳ラーメン
- らーめん style JUNK STORY

旭屋出版　〒107-0052　東京都港区赤坂1-7-19　キャピタル赤坂ビル8階
販売部（直通）☎03-3560-9065　http://www.asahiya-jp.com

★お求めは、お近くの書店または左記窓口、旭屋出版WEBサイトへ。

長野 松本

らあめん寸八
ずんぱち

信州に、家系ラーメンや豚骨魚介つけめんを広めた実力店

横浜の家系ラーメンに感銘を受けた店主が、脱サラをして2006年に開業。当時、まだ家系ラーメンがほとんど浸透していなかった長野県に、新たな味を持ち込んだ。お客の約6割が注文する「豚骨醤油らあめん」は、ゲンコツと背ガラ、鶏ガラで炊き上げる濃厚なスープが特徴。ガッツリとした味わいが受けて、瞬く間に人気店へと成長を遂げた。メインの客層は、サラリーマンとファミリー層。通常、醤油ダレと豚骨スープ、鶏油を合わせてラーメンを作るが、同店では豚骨スープと同量の鶏清湯をブレンドした「半割り」も提供している。女性客の半分近くがこの半割りをオーダーするなど、人気は高いという。オープン当初からの名物「つけ麺」もまた、信州における豚骨魚介つけめんの走り的存在。当時は首都圏でつけめんがブームになり始めていた頃だったが、いち早くそれを取り入れ、長野県内に最先端の味を広めた。3年前に静岡県の"朝ラーメン"の文化を知ってからは、朝の7時～9時30分の時間帯も店を開けてラーメンを提供。「思っていた以上の集客はなかった」と店主の堀江勇太さんは笑うが、根強いファンが付いていて、早朝にも関わらず開店と同時に席が埋まっていく。毎週水曜は、同じスープで「塩らあめん」を提供する「塩八」、第2金曜は「豚骨魚介らあめん」を提供する「金八」など、飽きさせずに来店を促す工夫も。月替わりで登場する限定ラーメンも評判を呼んでいる。

豚骨醤油らあめん
並 756円 ＋ 味玉 108円

看板メニューの家系ラーメン。こってり濃厚なスープはゲンコツと背ガラ、鶏ガラでとったもので、臭みやクセがなく食べやすい。のりが3枚、分厚いバラ肉チャーシュー、キャベツ、ほうれん草と食べ応えも満点。

136

人気ラーメン店の調理技法　東京・松本　らあめん寸八

■ SHOP DATA
住所／長野県松本市筑摩4-3-1　電話／0263-28-7744　営業時間／7時〜9時30分、11時30分〜15時30分、17時〜24時　定休日／不定休　規模／30坪・20席

つけ麺 918円

"ラーメンの延長"という考えなので、つけ汁には酢や一味、砂糖などの調味料は使わない。鶏油などの油も使わない代わりに、タレの比重を上げて、インパクトを持たせている。つけ汁には魚粉とごまが混ぜてある。

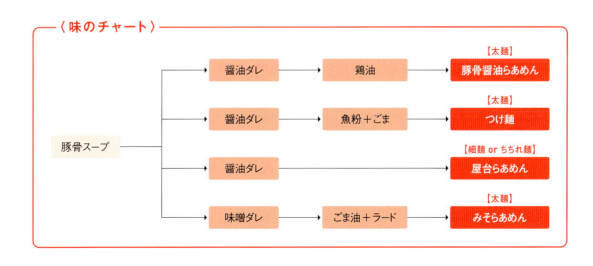

137

豚骨スープ

材料

ゲンコツ、鶏ガラ、背ガラ、ニンニク、鶏白湯

昼営業の前に、骨（ゲンコツ・背ガラ）とスープ（豚骨スープ・鶏白湯）が入ったままの状態の前日の仕込みスープを強火にかけ、ニンニクを加える。

豚バラ肉を取り出した後のチャーシューの煮汁に背ガラを加えて強火にかけ、足しスープを作る。営業中は内火を落とし、外火だけ強火にした状態で火にかけ続ける。足しスープの濃度調整は水で行う。

仕込みスープが沸いてきたら、焦げ付かないように気を配りながらかき混ぜる。営業中は中火に落とし、水位が下がったり、濃度が詰まってきたら、足しスープで調整。12時くらいには、仕込みスープが営業用スープとして使用できるようになる。営業時間中は、漉さずに鍋からすくったスープをそのまま使う。

鶏の旨味を強めに効かせたクセのない濃厚スープ

目指したのは、濃厚ながらもクセがなく、地元の人にも受け入れられる味。脂っぽくもしたくないので背脂は加えていない。ゲンコツは、髄がしっかり詰まった後ろ足の大腿骨のみを使用。あらかじめ縦割りにしたものを仕入れているため、骨を砕いてドロドロにしなくても髄の旨味がしっかり出る。鶏を強めに効かせているので、食べやすい。

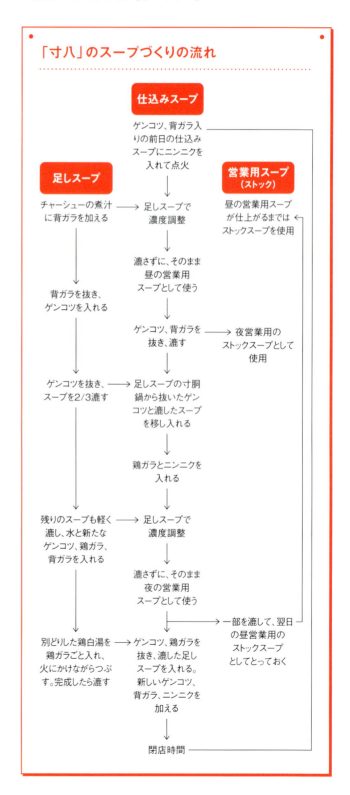

残りの足しスープも軽く濾し、水を足して、新しいゲンコツと鶏ガラ、背ガラ、ニンニクを入れる。

清湯のだし素材として使った鶏ガラを強火で炊き、2番だしとして鶏白湯をとっておく。完成した鶏白湯を、濾さずに鶏ガラごと足しスープの寸胴鍋に加え、1時間ほど強火にかけて素材をつぶす。できあがったスープは濾しておく。

⑨ 22時になったら、営業用スープの寸胴鍋から骨（ゲンコツ・鶏ガラ）を抜き、代わりに⑧の足しスープを加える。そこに新しいゲンコツと鶏ガラ、背ガラ、ニンニクを加えて、さらに2時間強火で炊く。

⑩ 翌朝、また①からの手順を繰り返す。

15時になったら、営業用スープに入っている骨（ゲンコツ・背ガラ）を抜き、平ざるを使ってきれいに濾す。このスープは、夜の営業用スープとして使用する。仕込みスープの寸胴鍋は、この時にきれいに洗っておく。

足しスープの背ガラは、仕込みスープの鍋に移す30分ほど前に抜き、代わりに新しいゲンコツを入れておく。15時になったら、寸胴鍋から骨（ゲンコツ）を抜き、仕込みスープの寸胴鍋に移し入れる。この時に、スープを3分の2量ほど濾して、骨と一緒に仕込みスープの寸胴鍋に移し入れる。

新しい鶏ガラとニンニクを仕込みスープの寸胴鍋に加える。19時ぐらいには、仕込みスープが営業用スープとして使えるようになる。営業時間中は、濾さずに鍋からすくったスープをそのまま使う。

麺

太ストレート麺の材料

・中華麺用小麦（牛若）・粗塩・かん水・水・色粉（クチナシ）

あらかじめ仕込んでおいたかん水に粗塩とクチナシを合わせ、泡だて器でよく混ぜる。

粉にかん水を合わせて3分間ミキシングをする。

もっちりとした太麺を軸に3種類の自家製麺を用意

メインで使用する麺で、形状は角ストレート。もっちりとした弾力とコシのある食感を目指して開発した。加水率は33％が基本。細かい水分量の調整は水で溶いたかん水を100g単位で増やしたり、減らしたりして行っている。粉は日穀製粉の中華麺用小麦「牛若」を使用。地元産の粉を使ったこともあったが、足が早かったり、変色しやすかったり、麺と麺がくっつきやすかったりしたため、この粉に行き着いた。クセがなく、スープの味を邪魔しないところが気に入っている。以前は麺に卵を練り込んでいたが、アレルギーの問題があったため、いまは使っていない。現在は天然の着色料であるクチナシ粉を使って着色。おいしく見せる目的で、麺を黄色くしている。ほかにも、加水率の異なる細ちぢれ麺と細ストレート麺の2種類の麺を用意。ラーメンに合わせて使い分けている。

▶ **太ストレート麺**

・加水率33％
・切り歯14番
・1人前150g
・茹で時間4分30秒

※豚骨醤油、味噌ラーメン、つけ麺用

▶ **細ちぢれ麺**

・加水率32％
・切り歯22番
・1人前140g
・茹で時間1分30秒

※あっさり支那そば用

▶ **細ストレート麺**

・加水率30％
・切り歯28番
・1人前140g
・茹で時間40秒

※屋台らあめん用

※ただし、リクエストがあれば、どの麺でも合わせられる

人気ラーメン店の調理技法 東京 松本 らあめん寸八

壁面にこびりついた粉を落とし、再びミキシングに8分かける。

ミキサーで練り上げた粉をバラがけし、麺帯にしていく。

複合作業を1回行う。

打ち粉をふりながら、圧延作業を1回行う。

できあがった麺帯にビニールをかけ、エアコンを付けた涼しい室内で最低1時間熟成させる。

熟成させた麺を切り出す。切り出した麺は常温で寝かせ、翌日のうちに使い切る。

141

味玉

材料
- 卵
- つけダレ（濃口醤油、醤油ダレ、水、日高昆布、みりん、カツオ節）

① 常温で置いておいた卵に穴をあける。

② 茹で時間は7分30秒～8分。季節に合わせて調整している。

③ 卵が茹で上がったら、流水にさらして卵を冷やす。

④ 濃口醤油と醤油ダレ、水、日高昆布、みりん、カツオ節を合わせて火にかけ、つけダレを作る。みりんのアルコールが飛んだら火を止める。

⑤ 卵の殻をむく。

⑥ 熱い状態のつけダレの中に、卵を入れる。昆布も一緒に入れてひと晩漬け込む。

翌朝になったら昆布を抜いて使用する。

チャーシュー

材料
- 豚バラ肉
- 醤油ダレ（濃口醤油、粗塩、砂糖、日高昆布、長ねぎ、ニンニク）

① 豚バラ肉をブロックのまま湯に入れ、両火とも全開にして強火にかける。沸騰したら外火を落とし、コトコト煮る。

② 途中、肉が浮いてきて、湯から肉がはみ出るので、まんべんなく火が通るように鍋全体をよくかき混ぜる。

③ 3時間煮たら、鍋から取り出す。鍋から取り出した熱い状態のまま醤油ダレに1時間漬け込む。タレからチャーシューを取り出し、粗熱がとれたらラップにくるんで冷蔵庫へ。一晩寝かせてから使う。

■ 定価：本体2,500円+税
■ A4変形判　カラー176ページ

すごい！鍋料理88品

新しい味づくりと、おいしさの秘訣

肉鍋・海鮮鍋・野菜鍋・
新スタイル鍋etc.

魅力広がる鍋料理
新味・極旨60品

小鍋料理・アイデア鍋料理
創意工夫がいっぱいの17品

寄せ鍋・すき焼き・鶏水炊き・
牡蠣土手鍋・豆乳鍋etc.
「基本の鍋」「伝統の鍋」を
おいしく作る

お申し込みはお早めに！

★お近くに書店のない時は、直接、郵便振替または現金書留にて下記へお申し込み下さい。

旭屋出版　〒107-0052　東京都港区赤坂1-7-19　キャピタル赤坂ビル8階
☎03-3560-9065(代)　振替／00150-1-19572　http://www.asahiya-jp.com

東京 鷺ノ宮
らぁ麺 すぎ本

「匠の大山鶏」のガラで、コクと豊かな風味を

「醤油らぁ麺」が人気だが、「塩らぁ麺」の根強いファンも多い店で、2013年12月のオープン以来、年配の常連客が多いのも同店の特徴。

醤油らぁ麺と塩らぁめん共通のスープは、「匠の大山鶏」の鶏ガラをメインに使い、豚や魚介系も加えた清湯。色々な素材が入っていながら、どれか一つが際だつことなく、いろんなものがバランスよく入っている。"じんわりとおいしい"と感じて、何度も飽きずに通ってもらえるようにと考えて、バランス重視で開発した。

麺は、加水率35%のコシのある細麺。切り歯は20番。京都の製麺所・麺屋 棟鄂より仕入れる、同店オリジナルの麺を使用。素材から製法まで細かく希望を出して麺を開発した。小麦粉には、焼いたフスマを少量入れることで、小麦の風味を高めた。また生地にはジェファー液（製麺用クロレラエキス）を加え、麺のコシ、保水力をアップさせている。

スープを鶏ガラと豚骨で取っているので、チャーシューも鶏肉と豚肉のをのせる。豚肉のチャーシューは、醤油らぁ麺と塩らぁ麺では、使う豚肩ロースと調理法を変えている。醤油らぁ麺では煮豚の豚肩ロースのチャーシューを。塩らぁ麺では、チャーシューのタレの醤油をスープに移したくないので焼き豚のチャーシューにしている。豚肩ロースは脂身の少ないほうを焼き豚にしている。

醤油らぁ麺 750円

スープと麺は、「塩らぁ麺」と共通。醤油ダレは、醤油の風味、香り、味わいを重視して開発。生醤油、再仕込み醤油、たまり醤油、濃口醤油2種類の計5種類の醤油を使い、ほぼ醤油のみで作る。生醤油に火入れした後、その他の醤油、みりん少々と合わせて完成。香味油として、鶏油や豚背脂とスープの上澄み脂の混合油をかける。

人気ラーメン店の調理技法 東京・鷺ノ宮 らぁ麺 すぎ本

■ SHOP DATA
住所／東京都中野区鷺宮4-2-3
電話／03-5356-6996
営業時間／11時30分〜15時、18時〜21時
定休日／月曜日の夜と火曜日

〈味のチャート〉

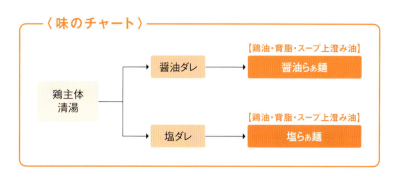

鶏ムネ肉と豚肩ロースの2種類のチャーシューをのせるが、塩らぁ麺の豚肩ロースのチャーシューは焼いて調理したものを合わせる。

塩らぁ麺 750円

塩ダレは、スープの味を考慮し、スープの味が活きるようにと開発。昆布、牡蠣、アサリ、カツオ節、煮干しでだしを取り、だしで塩を溶かして作る。塩は3種類の塩を使用。塩ダレと合わせた淡麗なスープに合うように、豚チャーシューは焼き豚タイプのをトッピングする。香味油は「醤油らぁ麺」と同じ。

スープに使う同じ銘柄の
鶏ムネ肉で相性を良くした

低温調理で仕上げる柔らかな鶏肉のチャーシュー。スープにメインで使用する鶏ガラと同じく、「匠の大山鶏」を使用し、スープとの相性も抜群。「匠の大山鶏」は餌や環境にこだわって育てられたブランド鶏で、肉質がしっとりやわらかで旨みがつよく、臭みがない。湯煎で加熱後、しっかり冷やして一日おいてから使用すると、味が馴染み食感もよくなる。

鶏チャーシュー

材料

・鶏ムネ肉（匠の大山鶏）・塩 ・胡椒

鶏ムネ肉の皮を取り除き、塩、胡椒をふる。塩は粒が粗くミネラル豊富な中国産の海塩「福塩」。バットに並べてラップで覆い、冷蔵庫で一日寝かせる。

鶏ムネ肉を取り出し、ジップロックに入れる。深さのある寸胴鍋などに70℃の湯を張り、ジップロックごと半ばまで入れる。沈めるとジップロック内の空気が浮いてくるので、半ばまで漬けた状態で空気を抜き、密封するとよい。湯温が65℃まで下がった位で、そのままの温度をキープし、40分加熱。鍋底に網を置いておくと、ジップロックが破れにくい。途中で何度か袋の位置を変えて、均一に火が通るようにする。

ジップロックごと氷水に取り、あら熱を取り除く。中まで冷めるように30分ほど浸けてから、冷蔵庫で保存。一日寝かせて、翌日使用する。

ラーメン用のスープ（丸鶏2に対し鶏ガラ1、豚背骨、昆布、椎茸など。野菜や節類はまだ入れていない状態）を沸かし、昆布を取り除く。背脂や肉の切れ端等を加え、2を入れる。フツフツした状態で沸騰をキープしながら、弱火で90分程炊く。

薄口醤油に南乳少々を加えて鍋に張る（店では前回煮豚を作った際の煮汁をとっておき、同割程度に使用）。豚肩ロース肉をスープから引き出し、脂の多い方を上にして鍋に入れる。煮汁は肉が半分強程度浸かる量。火加減はポツポツと泡が出る程度で、ぐらぐらと煮立てないこと。沸いてから20分炊いて、裏返してさらに20分炊く。

④から豚肩ロース肉を取り出し、バットにのせ、あら熱を取る。すぐに使用可能。保存時は冷蔵庫で冷蔵しておく。

醤油ラーメンには煮豚、塩ラーメンには焼き豚

「醤油らぁ麺」向けに開発したのは、醤油味の伝統的な煮豚チャーシュー。肩ロース肉の脂の多い部分を使用し、とろけるような食感と濃厚な旨みを工夫する。まず、丸鶏や鶏ガラ、豚背骨、背脂などが入ったラーメン用のスープに加えて90分煮込み、完全に火を通す。その後薄口醤油ベースの煮汁に漬けて軽く煮込み、濃厚な醤油味に仕上げている。

「塩らぁ麺」には、チャーシューの醤油の味を入れたくないため、塩味ベースで焼き豚を開発。豚肩ロース肉は、半分にカットしたときに大きさがチャーシューに合うようにと、ひと固まり2,5kgを指定。脂の少ない方を焼き豚用に、多い方を煮豚用に使用する。低温で湯煎して八割方火を通した後、さらにオーブンで表面を焼き、中はやわらかくジューシー、表面は香ばしく仕上げる。

豚チャーシュー（煮豚）

材料

・豚肩ロース（アメリカ産チルド肉）・淡口醤油
・南乳 ・スープ

肩ロース肉を縦半分にカットし、脂の多い方を使用。スジなどを取り除く。

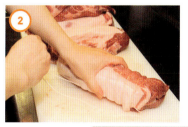

蛸糸で巻く。巻かないで煮ると、パンパンに膨れて形が崩れ、商品化しにくくなる。

豚チャーシュー（焼き豚）

材料

・豚肩ロース（アメリカ産チルド）・醤油 ・白ワイン
・黒胡椒 ・岩塩 ・三温糖 ・米油

肩ロース肉を縦半分にカットし、脂の少ない方を使用。時々骨が入っているので注意。余分なスジや脂などを取り除く。

チャーシューにした際、商品として成形しにくい端身部分を、あらかじめ切り落とす。④の工程でバットに詰めるが、その時のバットの大きさに揃えておく。切り落とした肉は、スープに活用する。

醤油と白ワインを混ぜたものを、スプレーに入れてかける。醤油味をあまりつけたくないので、臭み取りとほのかな香り付け程度にほんの少量使用。

岩塩、黒胡椒、三温糖をふる。バットに詰める。この時の形が仕上がりの形になるので、しっかりと形を整えておく。

バットごと冷蔵庫に入れ、12時間ほど寝かせる。ドリップがかなり出るので、キッチンペーパーなどに1，2分のせ、余分な水気を取り除く。形を整えておく。

豚肩ロース肉をジップロックに入れ、米油少々を加える。深さのある寸胴などに60℃の湯を張り、ジップロックごと入れる。沈めるとジップロック内の空気が浮いてくるので、半ばまで漬けた状態で空気を抜き、密封するとよい。途中位置を変えながら、2時間から2時間半湯煎する。

ジップロックから豚肩ロース肉を取り出し、110℃のオーブンで30分ほど焼く。表面に焼き色を付ける。

オーブンから取り出し、あら熱を取る。そのまますぐに使用。保存時は冷蔵庫で保存。

冷やし麺 202

名店・繁盛店のヒットメニューが大集合！
激売れ「冷やし麺」24品

おいしさのテクニック＆レシピを公開！
大人気「冷やし麺」54品

新しい味づくり＆アイデアが広がる！
「冷やし麺」バリエーション124品

■定価：本体2500円＋税　■A4変型判　カラー 160ページ

お申し込みはお早めに！

★お近くに書店のない時は、直接、郵便振替または現金書留にて下記へお申し込み下さい。

旭屋出版　〒107-0052　東京都港区赤坂1-7-19　キャピタル赤坂ビル8階
☎03-3560-9065(代)　振替／00150-1-19572　http://www.asahiya-jp.net

愛知
一宮

麦の道 すぐれ

鮮魚・鶏・濃厚豚骨の、人気の味に限定した3品を！

　愛知県春日井市の『麺者　すぐれ』のセカンドブランドして一宮市に2017年3月にオープンした『麦の道　すぐれ』。春日井店が鶏・豚のつけめんをメインに濃厚・端麗など出しているのに対して、一宮店は個性的な3品のみに限定。実家が魚の卸業をしている関係で鮮魚ラーメンを出したかったという店主の髙松知弘さん。それを軸に営業内容を考えた。

　鮮魚ラーメンは真鯛の頭のだしでラーメンに。そして、真鯛ラーメンのバリエーションではなく、別に、貝だしと鶏白湯のラーメンと濃厚豚骨魚介スープのつけめんを揃えた。1つのスープをタレで味を変化させるのではなく、『すぐれ』は3品だけだが、3品ともスープが違い、タレも違う。その点では、3種類のスープを効率よく作る工夫をした。真鯛の頭はオーブンで焼いてから低温で炊いて真鯛スープにする。鶏白湯（2種類）は圧力鍋で短時間でつくる。つけめん用に使うゲンコツのスープも圧力鍋で短時間でつくる。

　それぞれのラーメンに合わせてチャーシューを3種類用意するが、調理にはスチコンを活用。豚肩ロースと鶏ムネ肉チャーシューは真空低温調理。豚バラ肉は真空せずに加熱してから仕上げに高温で表面を焼く。1品ずつ仕込みに手間のかかるメニューながら、効率いい調理器具を活用して無理なく出せるようにした。

炙り真鯛らーめん 830円

真鯛の頭の骨と少しの生姜・ニンニクでとるスープと鶏白湯を9対1の割合で合わせたスープ。塩強めの醤油ダレを合わせる。麺は、多加水の平打ち麺で1人前160g。トッピングは、鶏ムネ肉のチャーシュー、豚肩ロースのチャーシュー、真鯛のほぐし身。バーナーで炙ってのせる真鯛の香ばしいほぐし身が香味油のように麺にからんで、ひと口ずつしっかりと真鯛を堪能できる味の組み立てに。真鯛のほぐし身は、1人前25gほどのせている。

人気ラーメン店の調理技法　愛知・一宮　麦の道 すぐれ

■ SHOP DATA
住所／愛知県一宮市本町3-5-2
電話／0586-64-8303
営業時間／11時30分〜14時、18時〜22時
定休日／不定休

卓上の手づくり「生ゆずの絞り酢」をかけるとマヨネーズ風のクリーミーさに味が変化するのを楽しめる。

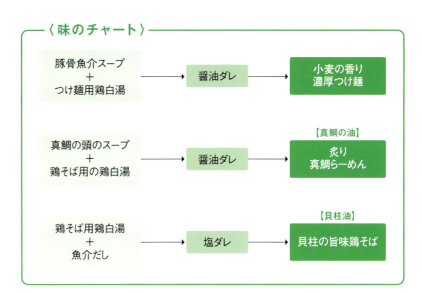

〈味のチャート〉

| 豚骨魚介スープ ＋ つけ麺用鶏白湯 | → | 醤油ダレ | → | 小麦の香り 濃厚つけ麺 |

| 真鯛の頭のスープ ＋ 鶏そば用の鶏白湯 | → | 醤油ダレ | → | 【真鯛の油】 炙り 真鯛らーめん |

| 鶏そば用鶏白湯 ＋ 魚介だし | → | 塩ダレ | → | 【貝柱油】 貝柱の旨味鶏そば |

貝柱の旨味鶏そば 750円

貝柱の油、鶏白湯、魚介だし、貝柱の醤油ダレを合わせて温めて丼に。丼の中でブレンダーで攪拌してしっかり混ぜ合わせて乳化スープにする。麺は真鯛らーめんと同じ。

小麦の香り
濃厚つけ麺 850円

つけ麺用のスープは、つけ麺用に作る鶏白湯と、ゲンコツと魚介スープを合わせる。鶏白湯と豚骨スープは圧力鍋で炊いて時間を短縮。鶏白湯もゲンコツと魚介のスープもミキサーで骨ごと攪拌して濃厚に仕上げる。つけ汁の器は、直火にかけて熱してアツアツで提供する。麺の上に豚バラのチャーシューと豚肩ロースのチャーシューをトッピング。

卓上に「自家製魚介山椒オイル」を。四川山椒で作るしぞれる辛さの油で、つけめんの麺に少量からめて食べてもらうことで、味の変化を楽しんでもらう。

豚バラのチャーシューは常温だとパサパサな感じになりやすいので、注文ごとに角煮ダレで温めてふっくらさせてからトッピングする。

真鯛の頭のスープ

材料
・真鯛の頭 ・塩 ・ニンニク ・生姜 ・水（アルカリ水）

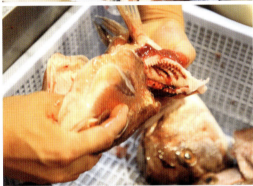

鯛の頭に全体に軽く塩をふり、頭をはずして中のエラを取り除く。エラを取らないで炊くと臭みが出る。

頭のほうにウロコを水で流しながら取る。頭のほうは、焼いたあとに身をほぐしてトッピングに利用するので、ウロコが付いていると食べにくくなるから除く。

真鯛スープ、豚骨魚介スープ、鶏白湯、魚介だしを効率よく作る

3種類しかメニューのラーメンはないが、3品ともスープを変えているので、スープは真鯛スープ、豚骨魚介スープ、鶏白湯（鶏そば用と豚骨魚介スープ用の2種類）、魚介だしの5種類を作っている。

10坪・13席の店内ですべて仕込むので、厨房には、スチームコンベクションオーブンを設置。スチームコンベクションオーブンを真鯛スープの下ごしらえに活用。スープを炊く鍋は圧力鍋を使って時間短縮もしている。豚骨スープづくりでは、大型ハンドミキサーや、餃子のあんの水分をしぼる機械を活用して濃厚さを高めている。

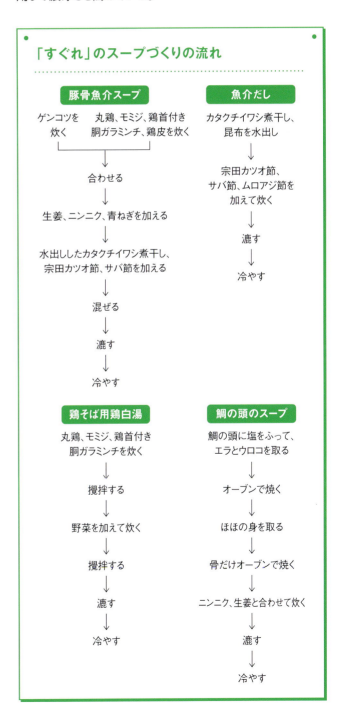

掃除した鯛の頭を天板に広げて並べ、上から塩をふり、すぐにオーブンへ。180℃に設定し、20分焼く。

身を取り出した頭の骨を再びオーブンに入れて焼く。このときは200℃に上げる。香ばしくなるまで焼く。

オーブンから取り出し、鯛の頭の身、ほほの身を取り分ける。身が熱いうちに取る。天板にたまる鯛から出た焼き汁はスープを炊くときに合わせる。

焼いた鯛の頭、焼いたときに出る汁と少しの生姜、ニンニクを30分ほど炊く。網で漉して冷やす。

目の細かい網で漉す。漉して網に残ったカスは、また鍋に戻す。これを繰り返すことで、だしの出方が違うスープが重なり合う仕上がりになる。

最後のほうに残った水分の多いカスは布の袋に入れ、餃子のあんの水分を絞る機械にかけて、こととん絞る。前日のスープが残っている場合は加えて使う。

豚骨魚介スープ

材料

・ゲンコツ ・丸鶏 ・モミジ ・鶏ガラミンチ ・鶏皮
・ニンニク ・生姜 ・カタクチイワシ煮干し
・宗田カツオ節 ・サバ節 ・水（アルカリ水）

ゲンコツだけ圧力鍋で6時間炊く。別の圧力鍋で丸鶏、モミジ、鶏ガラ、鶏皮を1時間炊く。この2つを合わせ、生姜、ニンニクを加え、そこに、前日から水出ししておいたカタクチイワシ煮干し、宗田カツオ節、サバ節を加える。

火にかけながら大型ハンドミキサーで混ぜる。しばらく炊いて、また混ぜる。これを繰り返して60分ほど炊く。

鶏そば用鶏白湯

材料

・丸鶏 ・モミジ ・鶏首付き胴ガラ ・生姜 ・ニンニク
・人参 ・ねぎ ・白菜 ・（アルカリ水）

豚骨魚介スープを作るときに合わせる鶏白湯よりモミジの量を減らし、たく時間も短くして「鶏そば」用の鶏白湯を作る。丸鶏、モミジ、鶏ガラを圧力鍋で30分たく。

炊いたら大型ハンドミキサーで攪拌する。火を点けて、野菜を加えてフタはしないで炊く。人参、白菜も加えるのは、チャンポンのような甘みのあるスープにしたいため。

炊きながら大型ハンドミキサーで攪拌し、野菜も粉々にして炊いていく。味見をして、野菜の甘みが出たスープになれば完成。

目の細かい網で漉す。漉して網に残ったカスは鍋に戻し、鍋の中をミキサーで攪拌して、また漉す。この鶏白湯と魚介だしを半々で割って「貝柱の旨味鶏そば」のスープにする。魚介だしは、カタクチイワシ煮干し、昆布を水出しして、サバ節、カツオ節、ムロアジ節と合わせて炊いたもの。

豚チャーシューは、つけめん用と真鯛ラーメン用を

チャーシューは3種類作る。鶏そばと真鯛ラーメン用のチャーシューは、肩ロースのチャーシュー。しっとりした味わい。つけ麺用には、豚バラ肉のチャーシューを。トロトロの食感を特徴に。どちらも、スチームコンベクションオーブンを使い、温度管理をきちんとして均一な仕上がりにしている。
鶏ムネ肉のチャーシューは鶏そば用の塩ダレとオリーブオイルと真空包装してスチームコンベクションオーブンで加熱して、しっとりした仕上がりにしている。

豚バラチャーシュー

材料

・豚バラ肉 ・塩 ・胡椒

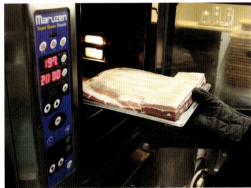

豚バラ肉は脂の少ないところを注文。脂側を上にして、上面だけ塩・胡椒をふる。胡椒は焼いているときに流れてしまうので多めにふる。300℃のオーブンで20分焼いてから、スチームモードに切り替えて130℃の設定で100分〜120分加熱。肉の厚みによって加熱時間は調整している。

オーブンから出した直後は、トロトロの状態。冷蔵庫で休ませてから切る。

常温の豚バラチャーシューはパサパサな感じがするので、つけ麺の麺の上に盛り付ける直前に、角煮のタレで温めてふっくらさせている。

オーブンから出したら氷水で急冷する。オリーブオイルでコンフィするように加熱するので、しっとりとした仕上がりに。鶏そば用の塩ダレで味付けするので、鶏そばにトッピングしたときの一体感も出る。

豚肩ロースチャーシュー

材料

・豚肩ロース（アンデス産） ・塩 ・胡椒 ・醤油ダレ
・ブランデー

豚肩ロースは、脂身を切り取り、塩・胡椒し、醤油ダレとブランデーと合わせて真空包装。これをスチームモード、65℃のスチームコンベクションオーブンで15時間加熱する。閉店後の時間を利用して加熱している。醤油ダレは真鯛ラーメンに使うタレで、濃口醤油、たまり醤油、本膳醤油、日本酒と少しの塩で作っている。

鶏ムネ肉チャーシュー

材料

・鶏ムネ肉（宮城産） ・塩 ・胡椒 ・塩ダレ
・オリーブオイル

鶏ムネ肉の皮を取って、全体に塩・胡椒をする。60分ほど置く。除いた皮は豚骨魚介スープと合わせる鶏白湯を炊くときの材料に使っている。

鶏そば用の塩ダレとオリーブオイルとミキサーで混ぜ合わせたものと真空包装する。スチームモード、64℃のスチームコンベクションオーブンで50分加熱する。

塩ダレ

沖縄の塩、伯方の塩の2種類の塩に、干し貝柱、昆布、カツオ節、煮干しのだしを合わせる。本膳醤油を少々加えている。

つけ麺用のつけ汁

つけ麺のつけ汁には、醤油ダレのほか、ブランデーと三温糖を少し加えて甘口にする。直火にかけられる容器にスープを入れ、アツアツに沸かして提供している。

鯛のほぐし身

真鯛の頭から取ったほぐし身は、真鯛ラーメンのトッピングに使用する。注文ごとにほぐし身に醤油をスプレーでさっとふりかけて、バーナーで炙り、盛り付ける。醤油の香ばしさでほぐし身の存在感が増す。ラーメンにトッピングされると、スープにほぐし身が溶け込み、香味油の役割もして麺にからんで味わいに広がりを持たせる。

麺

麺は春日井店で自家製麺している。つけ麺用は、切り歯12番、加水率36％の太麺を。焙煎した全粒粉を加えているのも特徴。真鯛ラーメン、鶏そば用には、切り歯16番、加水率39％の平打ちストレート麺を合わせる。

| 長野 松本 |

らーめん 月の兎影

旨味たっぷりの貝出汁ラーメンで、女性客と年配客の支持を獲得

　看板は、大量のアサリとシジミから濃厚な旨味を抽出して作る貝出汁ラーメン。ラーメン店のメインターゲットからは外されがちな"女性"や"年配"のお客をいかに取り込めるかが他店との差別化につながると考え、油を使わず、出汁感で楽しませる貝出汁ラーメンを思いついた。「メニュー名に"アサリ"の名前が入る以上は、素材感を楽しんでほしい」という思惑どおり、一口食べた瞬間にのけぞるほど強烈な貝の旨味が感じられる。スープにインパクトがあるため、塩ダレだけを合わせてシンプルな構成を選択。その際、丼でタレを合わせるとスープがぬるくなってしまうため、注文ごとに手鍋で温めて提供している。より鮮烈な貝の風味を重ねるため、1杯につき4～10個のアサリを加えて"追いアサリ"。使ったアサリはそのままトッピングとして使用する。「貝のスープを採用したのは、いろいろなものと合わせやすかったからという理由もあります」と店主の上嶋勇さん。同店では、アサリ＋シジミの貝スープの他、豚骨＋鶏ガラの動物スープ、サバ節でとる魚介出汁、カレースープ、限定麺用スープの5種類のスープを用意しているが、これらをうまく組み合わせながら常時10種類以上のラーメンを展開している。そのため、仕込みの際は原価率よりも効率を重視。手間ひまを補うために材料をたくさん使ったり、出汁パックを活用するなど、作業を簡略化できるものは積極的に取り入れている。

あさり～潮～　880円

お客の3～4割が注文するという看板ラーメン。あえて油分は使わず、力強い貝の出汁だけでおいしさを表現した。トッピングにはバラ肉チャーシュー、味玉、チンゲンサイ、白ネギ、アサリがのる。

人気ラーメン店の調理技法 　長野・松本　らーめん 月の兎影

■ SHOP DATA
住所／長野県松本市双葉7-23
電話／0263-31-3015
営業時間／11時30分～14時30分LO、
17時30分～21時30分（スープがなくなり次第閉店）
定休日／月休
規模／23坪・29席
客単価／970円

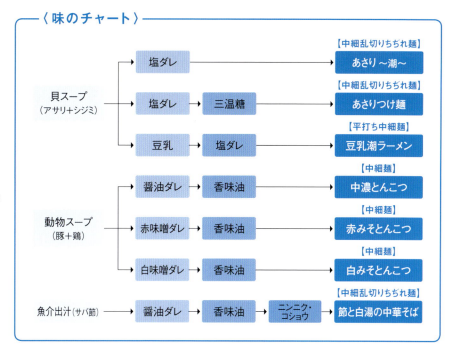

〈味のチャート〉

貝スープ（アサリ＋シジミ）
- → 塩ダレ → 【中細乱切りちぢれ麺】あさり～潮～
- → 塩ダレ → 三温糖 → 【中細乱切りちぢれ麺】あさりつけ麺
- → 豆乳 → 塩ダレ → 【平打ち中細麺】豆乳潮ラーメン

動物スープ（豚＋鶏）
- → 醤油ダレ → 香味油 → 【中細麺】中濃とんこつ
- → 赤味噌ダレ → 香味油 → 【中細麺】赤みそとんこつ
- → 白味噌ダレ → 香味油 → 【中細麺】白みそとんこつ

魚介出汁（サバ節） → 醤油ダレ → 香味油 → ニンニク・コショウ → 【中細乱切りちぢれ麺】節と白湯の中華そば

豆乳潮ラーメン 950円

貝スープと豆乳を1：1でブレンド。塩ダレも加えて火にかけ、追いアサリをして提供する。油の代わりにバターで風味付け。チャーシューと茹でシメジ、味玉、チンゲンサイ、白ネギ、アサリがのる。

あさりつけ麺 980円

貝スープと塩ダレを合わせたつけ汁に三温糖でほのかな甘みをプラス。使用する多加水の平打ち中細ちぢれ麺は、太さがバラバラの乱切り麺なので、さまざまな食感が感じられておもしろい。

濃口醤油、白醤油、みりん、三温糖、食塩、アジ煮干し出汁、昆布出汁、水を合わせて作る塩ダレ。麺は、太さの異なる3種の麺を混合した乱切り麺を使っている。

貝スープ

材料

・シジミ ・アサリ ・湯

寸胴鍋の中にザルを置き、シジミとアサリを順に入れる。ひたひたになる程度に湯を張り、蓋をして、沸騰するまで強火にかける。

40〜50分ほどで沸騰してくるので、蓋を開けてアクを取る。

単体で飲んでも存在感があり、汎用性のある貝スープを採用

メインスープは、旨味が濃縮された力強い貝スープ。単体で食べても存在感があり、他のスープとも合わせやすいという理由から、主役の食材に貝を選択した。力強い旨味はシジミから、深い風味はアサリから抽出。冷凍したものの方が貝が開きやすく、しっかり出汁がとれることから、あえて生の素材は使わず、冷凍の貝を使っている。シジミの方が貝が開きにくいので、火に近い寸胴鍋の底の部分にシジミを入れ、その上からアサリを投入。大量の貝を最小限の湯で炊くため、貝が開いてからは、適宜貝を混ぜ合わせてまんべんなく出汁がとれるようにしている。火が入りやすいよう、混ぜ合わせる時以外は蓋をしておくのもポイントだ。

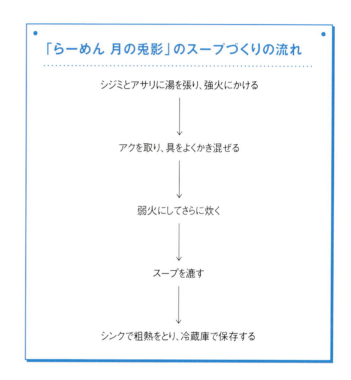

小さい寸胴に取り分け、水を張ったシンクでスープを冷やす。冷たくなったら劣化防止のため冷蔵庫へ。

使用する際は、手鍋で塩ダレと共に温めて使用する。その際に4〜10個ほどのアサリを加えて追いアサリをし、そのままトッピングとして提供する。

貝の量が多いので、上下をよくかき混ぜる。

内火を極小にし、蓋をして4時間ほど弱火でクツクツ煮る。途中、2、3回ほど貝を混ぜる。

ザルを上げてスープを漉す。ザルを上げた状態のまま5〜10分ほど置き、貝の出汁を取り切る。

味玉はデフォルトでサービス 原価の安い卵でお得感を演出

同店では、定番ラーメンに最初から味玉をトッピング。1日に仕込む数は330個にものぼるため、殻に穴を開ける作業は割愛。穴を開けても10～15個はロスが出るので、割り切って手間を省く選択をした。また、スープよりも塩気がないと味がないように感じられるため、漬けダレの塩分濃度はスープと同じに設定し、玉子だけ食べてもしっかり味が感じられるように調味している。

味玉

材料
- 卵 ・漬けダレ（鰹の出汁顆粒、水、濃口醤油、みりん、上白糖、食塩、氷水）

沸騰した湯に卵を入れる。茹で時間は、季節に合わせて7分30秒（夏）～8分30秒（冬）の間で変動。茹でる際は、温度が下がらないよう蓋をして加熱する。

流水にあてて5～6分冷やす。

粗熱がとれたら氷を入れ、卵が冷たくなったら殻を剝く。

鰹の出汁顆粒に水を加え、出汁を作る。そこに濃口醤油、みりん、上白糖、食塩を加え、漬けダレを作る。漬けダレが温かいと、卵を漬けた時に劣化が早く進んでしまうので、氷水を加えて冷やしておく。

冷えた漬けダレに卵を1時間漬ける。味付けにムラができないよう、途中10回ほどタレをかき混ぜ、卵の位置を入れ替える。

タレから卵を引き上げ、冷蔵庫へ。最低1日寝かせてから使用する。

トロトロのチャーシューは
こまめに冷やして劣化を防止

アサリのスープで作るラーメンには油分がまったく含まれていないため、脂の多い豚バラ肉のチャーシューをのせることでバランスを調整。タレで煮ると赤身の部分に味が付きすぎてしまうことから、肉の風味を生かすために、漬け込み方式をとっている。箸で持つとくずれそうなほどやわらかい。

チャーシュー

材料

・豚バラ肉 ・ショウガ ・チャーシューダレ（濃口醤油、みりん、上白糖、食塩、鰹出汁パック、昆布出汁パック）

前日から常温で解凍していたバラ肉のブロックを4分割する。

湯を張った寸胴鍋に豚バラ肉、スライスしたショウガを入れる。沸騰するまでは中火にかけ、沸いたら弱火に落とす。豚肉を茹でる湯は1日おきに替えている。

茹で汁が沸騰したら弱火に落とし、蓋をして4時間〜4時間30分ほどフツフツと煮る。肉が崩れるため、途中、茹で汁はかき混ぜない。

氷水を作っておき、鍋から取り出した熱い状態の豚肉を入れて3時間冷却する。上部も氷で覆い、まんべんなく肉を冷やす。

濃口醤油、みりん、上白糖、食塩を合わせ、鰹出汁パック、昆布出汁パックを加えてひと煮たちさせ、チャーシューダレを作る。粗熱がとれたら、氷を入れてタレを冷やしておく。

人気ラーメン店の調理技法　長野・松本　らーめん 月の兎影

冷たくなったチャーシューダレに冷たくなった豚バラ肉を漬け、落とし蓋をして丸1日漬ける。

ビニール袋に小分けして入れ、冷蔵庫で保存する。

チャーシュー肉は冷蔵庫で半日以上冷やした後、使う分だけを取り出し、端や脂身、固い部分をそぎ落として成形する。

167

東京 東日暮里

ラーメン屋 トイ・ボックス

鶏と水だけで、コクとキレと旨味を感じられる一杯に

　2017年初頭より、スープの作り方を大幅に刷新。以前は、5種類の地鶏をメインに、少量の豚肉、牛骨も使用して清湯を取り、ここに乾物や節類と貝のだしを合わせ、各材料から出る旨味のバランスを考えて作っていた。それを長年の念願だった「鶏と水だけ」で作るスープにした。

　鶏は、川俣シャモの胴ガラ、おおいた冠地鶏の首ガラ、名古屋コーチンと会津地鶏と山水地鶏の親丸鶏。水はエレン水。鶏と水だけで作るので、炊くときの火加減だけでなく、寸胴鍋の中のガラ、丸鶏の並べ方にも注意を払う。スープの作り方を変えて、漉し方も変えた。点火してから漉すまでおよそ6時間。だしの出具合を見る上で、こまめに匂いをチェックする。

　スープを変えたので、醤油ダレの濃口醤油、淡口醤油、再仕込み醤油の内容も変えた。また、以前は豚肩ロースと鶏ムネ肉チャーシューをトッピングしていたが、豚ロースのチャーシューのみに変えた。豚肉は、スペインのガリシア栗豚のロース。鶏ムネ肉チャーシューは、「特製」のトッピングと、別売りのトッピングとして提供している。

　醤油ラーメン、塩ラーメン、味噌ラーメンのメニュー構成で、7割が醤油ラーメンの注文になっている。

醤油ラーメン 750円 ＋ 鶏チャーシュートッピング（100円）

鶏と水だけで取る清湯に、7種類の醤油と少量みりん、日本酒、リンゴ酢で作る醤油ダレを合わせる。麺は、北海道産小麦粉のみで作る、中加水の中細平打ちストレート麺。1人前の量は160g。大盛りはなしで、あらかじめ多めにしている。

人気ラーメン店の調理技法

東京・東日暮里　ラーメン屋 トイ・ボックス

地鶏炙り飯 400円

ラーメンに使っている材料で丼メニューを開発した。鶏肉は、スープに使っているおおいた冠地鶏の骨なし手羽。スープと醤油で炊く。提供前に醤油ダレを少したらしてバナーで炙って盛る。手羽を炊いた煮汁を冷やして煮こごりにして合わせている。アクセントの七味唐辛子は、山椒と陳皮多めで作ってもらっているもの。

■ SHOP DATA
住所／東京都荒川区東日暮里1-1-3
電話／03-6458-3664　営業時間／11時～15時、18時～21時　日曜日・祝日は11時～15時　定休日／月曜日・第2火曜日（月曜日が祝日の場合は昼のみ営業し、翌日休業）

醤油ダレをかけながら炙ってからご飯の上に盛る。手羽を炊いた煮汁を冷やして煮こごりにしてトッピングする。

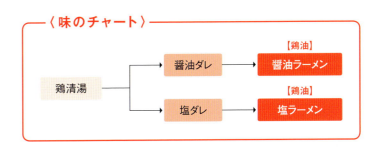

〈味のチャート〉

169

鶏清湯

材料

・鶏胴ガラ（川俣シャモ）・鶏首ガラ（おおいた冠地鶏）
・丸鶏（名古屋コーチン親鳥・会津地鶏の親鳥
・山水地鶏の親鳥）・鶏油（川俣シャモ）・エレン水

川俣シャモの胴ガラは、中に付着している肺を取る。背肝は2月までは除いていたが、今は取らない。取らないほうがスープのできがいいので。背骨を折っておく。

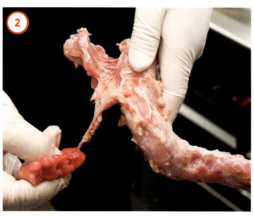

おおいた冠地鶏の首ガラは、下のほうに肺の一部が付いているので取り除く。

鶏と水だけで、キレ・コク・旨味のさらなる仕上がりの良さを追究中

鶏胴ガラと丸鶏と水だけで取る清湯に2017年初めから切り替えた。リスペクトする兵庫・尼崎の『ロックンビリー S1』店主の嶋崎順一氏のつくり方にあこがれ、ずっとやりたかったスープづくりに着手した。

鶏だけを使うので材料は吟味する。複合的な味わいにするため、丸鶏は3種類を使う。

寸胴鍋の中への鶏ガラの入れ方で、炊いているときの対流が変わり、それが味に影響するので、現在の入れ方にした。匂いでだしの出具合をチェックしていく。通常は51cmの寸胴鍋で炊くが、半日営業の前日は43cmの寸胴鍋で丸鶏の量を調整して炊いて、スープを残さない調整もしている。

材料の種類は極限まで絞ったが、使うガラの掃除の仕方など、「さらにおいしくする」ために日々、いろいろ研究をしている。

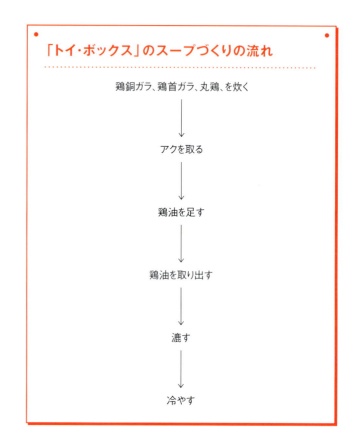

「トイ・ボックス」のスープづくりの流れ

鶏胴ガラ、鶏首ガラ、丸鶏、を炊く
↓
アクを取る
↓
鶏油を足す
↓
鶏油を取り出す
↓
漉す
↓
冷やす

人気ラーメン店の調理技法　東京・東日暮里　ラーメン屋 トイ・ボックス

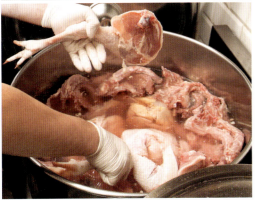

寸胴鍋の中の外側に鶏胴ガラ、鶏首ガラを並べて作った中央の空洞のところに、丸鶏の胴体を入れる。続いて、その隙間にモモ肉を入れて水を張り点火する。水は50ℓ。鶏から出しが出るので仕上がりは54ℓが目安。

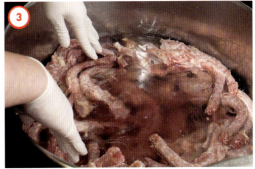

モリブデンの寸胴鍋にボードを敷いて底で焦げないようにして炊く（写真右）。寸胴鍋の外側に鶏胴ガラを並べて入れ、その上に首ガラを置いて隙間を埋め、さらにその上に胴ガラを並べる。中央は空洞にする。

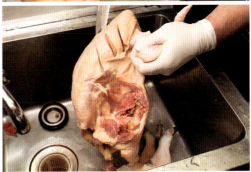

丸鶏は、それぞれ、モモの部分を切り離す。モモの部分に5〜6カ所の切れ目を入れる。胴の中に内臓が残っているので取り除いて流水で洗う。

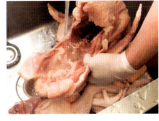

171

最初は強火で。80℃くらいになるとアクが出てくるので取る。網でガラを押して、ガラの下に付いているアクをはがして浮かせて取る。最初にアクを取ったら弱火にする。80℃から98℃くらいまで、時間をかけて上げていく。途中、アクはこまめに取る。ゆっくり温度を上げていき、アクが一度に出ないようにし、アクを取るときに旨味まですくい取ることがないようにする。

3時間ほど炊いたら、川俣シャモの鶏油を入れる。炊いているときはフタをし、匂いをチェックする。

2時間ほど炊いて鶏油を取り出す。鶏油はすぐに冷やす。

10時に点火し、おおよそ16時半に漉す。まず、丸鶏を取り出す。丸鶏が煮崩れると濁りの要因になるので、そっと崩さないように取り出す。

172

人気ラーメン店の調理技法　東京・東日暮里　ラーメン屋 トイ・ボックス

鶏胴ガラはそのままにし、手鍋で静かに救い出す。漉し網を2つ重ね、その間にペーパータオルをはさんで漉す。以前はペーパーを挟むとスープが軽くなり過ぎたが、現在のスープでは、ペーパーで漉したほうが良くなるのではさんでいる。

最後まで、静かに、濁らせないように混ぜないようにして漉していく。

2つの容器に交互に漉し入れて均等にし、すぐに冷やす。これを翌日の営業に使う。冷蔵庫で冷やし、上に固まった脂は除いて使用する。

173

生姜と水とロースを炊く。厚手の、火を止めても冷めにくい鍋がいいので圧力鍋の鍋で炊く。

アクが出てきたら取り除く。フタをして、弱火でフツフツと沸いた状態で火を通していく。

火を止めて、フタをして、そのままゆっくり冷めるまで置く。

旨味のある豚ロースのチャーシューと、シンプルな味付けの鶏ムネ肉チャーシュー

スープの作り方変えて、豚チャーシューは肩ロースからロースに変えた。新しいラーメンに合う豚ロースはないか探し、スペインのガリシア栗豚を選んだ。『ロックンビリーS1』（兵庫・尼崎）の嶋崎順一店主の独特のやり方"SHIMAZAKI'S ROUTINE"から学んだ炊き方で作る。

鶏ムネ肉チャーシューは、オープン当初より変わらぬレシピを採用。ラーメンの味を邪魔しないよう、白胡椒、塩、砂糖とシンプルな調味にとどめる一方で、真空低温調理にすることでムネ肉をしっとり柔らかく仕上げる。湯煎する際に、分水作用が始まる手前の68℃をキープすること。一方で真空低温調理は多少味が抜けるため、下味は強めにするのがポイントだ。

豚肩ロースチャーシュー

材料

・豚肩ロース（スペイン・ガリシア栗豚ロース）
・生姜 ・醤油

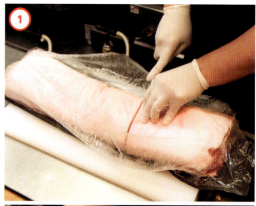

塊で仕入れる豚ロースを3つに切り分ける。43％以上霜降りのロースで、ラーメンに合うチャーシューができる。

174

人気ラーメン店の調理技法 東京・東日暮里 ラーメン屋 トイ・ボックス

鶏チャーシュー

材料

・国産鶏ムネ肉(生) ・白胡椒 ・塩 ・砂糖

1 国産鶏ムネ肉は表面を洗ってぬめりを取る。皮、血合いなど、食感を損ねる部分も丁寧にトリミングする。

2 国産鶏ムネ肉の表面に、たっぷりの白胡椒を振る。真空低温調理は多少味が抜けてしまうため、強めに調味する。塩の前に胡椒をふって下地にすることで、しょっぱさが立つのを抑える。

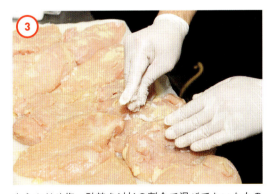

3 あらかじめ塩、砂糖を1対1の割合で混ぜておいたものを両面にすり込む。一般家庭でよく使われている塩と砂糖を使うことで、舌馴染みのある味を目指す。

ぬるくなるまで冷めたら、温めた醤油に漬ける。1日ほど漬けて使う。

175

醤油ラーメンの仕上げ方

温めておいた丼に、鶏油、醤油ダレを入れ、7年仕込みの濃口醤油を2滴、香り付けとして振る。

包装袋に重ならないように詰め、寸胴鍋に張った水の中に袋を沈めて空気を抜いたところで袋の口を止める。火にかけ、68℃をキープしながら6kgのときは30分、8kgのときは33分加熱する。加熱を終えたら、すぐに水で冷却し、ひと晩寝かせる。

176

近代食堂

繁盛店をつくる月刊誌

● A4判変形
本体／1314円＋税

毎月22日発売

- いま売れているメニュー
- 新しい販促・イベント
- 話題の飲食店の商法
- 最新人気店レポート

店の実力を高める情報満載

旭屋出版のホームページから購入できます。
http://www.asahiya-jp.com

手鍋で温めたスープを注ぎ入れる。

茹で上げた麺を合わせる。

豚ロースのチャーシュー、ねぎ、穂先メンマをトッピングする。

| 神奈川 相模原 |

中村麺三郎商店

それぞれ単独で取る清湯と白湯を、自家製麺で引き立てる

　横浜の有名広東料理店『聘珍樓』で前菜を5年担当し、人気ラーメン店『麺の坊 砦』の店長を務めるなどの経験を積んだのち、2016年5月に独立した中村健太郎さん。オープンと同時に注目店としてクチコミが広がった。今は、土曜日・日曜日は県外ナンバーの車が駐車場で目立つ。

　醤油ラーメン、塩ラーメン、白湯ラーメン、担々麺がメニュー構成。スープは清湯と白湯を作るが、清湯を作ったガラで白湯を仕上げない。それだと目指す白湯ができないので、それぞれ別の鍋で材料を変えて作っている。清湯はガラと肉のだしの出る時間の違いを考えて炊く。白湯も鶏の風味を残すように丸鶏を入れるタイミングを計る。まだ開店して日が短いが、スープの材料や割合を変え、改良を重ねてきている。塩ラーメンでの雑誌の取材が多いが、醤油ラーメンのほうがよく売れている。

　麺は自家製麺で、その日に製麺した麺を使用している。醤油ラーメン用、塩ラーメン用、つけめん用を作っている。麺も、春よ恋の割合を変えてみたり、全粒粉の割合を変えてみたり、日々、研究している。

　チャーシューは、豚バラチャーシューと豚肩ロースチャーシュー、鶏ムネ肉チャーシューを味を変えて作り、使い分けている。

海老ワンタン醤油らぁ麺 950円

清湯に醤油ダレ。醤油ダレは、生醤油と濃口醤油をメインに、白醤油、たまり醤油、鶏醤の6種類の醤油とみりん、日本酒、リンゴ酢を合わせて作る。麺は、塩ラーメンと同じ生地を切り歯を16番にして製麺したもの。

人気ラーメン店の調理技法　神奈川・相模原

中村麺三郎商店

■ SHOP DATA
住所／神奈川県相模原市中央区淵野辺4-37-23
電話／042-707-7735
営業時間／11時30分〜15時、18時〜21時
火曜日は11時30分〜15時　定休日／水曜日

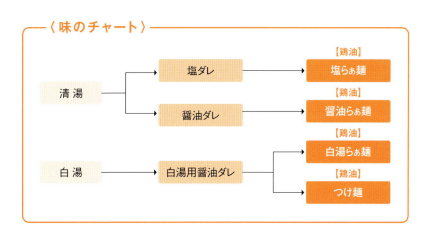

〈味のチャート〉

清湯 ─┬─ 塩ダレ ──── 【鶏油】塩らぁ麺
　　　└─ 醤油ダレ ── 【鶏油】醤油らぁ麺

白湯 ─── 白湯用醤油ダレ ─┬─ 【鶏油】白湯らぁ麺
　　　　　　　　　　　　　└─ 【鶏油】つけ麺

春よ恋をメインにした、なめらかな麺を醤油ラーメンと塩ラーメンに合わせる。醤油ラーメン用は切り歯16番のストレート麺。1人前150gで茹で時間は70秒ほど。

白湯らぁ麺　750円

白湯と合わせるタレは、塩をきかせた醤油ダレ。ニンニク、生姜と、煮干しとカツオ節と昆布と干し椎茸のだしと合わせて作る。店主の中村さんの出身地・鹿児島のラーメンをイメージし、植物油で揚げた香ばしい揚げねぎを多めにトッピングする。

塩らぁ麺 780円

清湯に塩ダレ。塩ダレは、海塩を3種類と日本酒、みりん、白醤油と、アサリと干し貝柱、昆布、干し椎茸のだしを合わせて作る。塩ダレは、だし割合が多い。鶏ムネ肉チャーシューと豚肩ロースチャーシュー、白髪ねぎ、三つ葉、揚げねぎをのせる。麺は醤油ラーメン用より細く切り出したものを合わせる。

塩ラーメン用の麺は、醤油ラーメン用と同じ生地だが、細く切り出す。切り歯は20番のストレート麺。さらに、麺厚も醤油ラーメン用より少し薄くして切り出すので、より細い印象になる。「そうめんのような感覚ですすってほしい」という狙いがある。1人前150gで、茹で時間は50秒ほど。

つけ麺 900円

つけ麺は、5月〜9月に提供。当初は醤油味で提供していたが、2017年の夏は白湯に白湯用タレにした。キレを出すため、つけ汁には少しの酢と一味唐辛子を加える。麺の上にはチャーシューの他に、甘酢漬けした茗荷ものせて提供する。

つけ麺の麺は、切り歯12番の平打ち麺。全粒粉の割合を少し多くして製麺している。1人前は250g、大盛りは350g。茹で時間は2分10秒ほど。

白湯

材料
- 豚ゲンコツ、鶏胴ガラ（阿波尾鶏）・丸鶏・モミジ
- 生姜・ニンニク・人参・玉ねぎ・セロリ白
- ねぎの青葉・サバ節・煮干し・カツオ節

阿波尾鶏の胴ガラは水に浸して血抜きをする。これと、モミジ、カットしたゲンコツを合わせて点火する。鶏白湯は51cmのアルミの鍋で炊く。トータルで取り白湯は5時間で取る。

沸いてくるとアクが出てくる。最初は血が固まった黒いアクが出てくるので、これをすくい出す。

材料も、作り方も鍋の材質も変えて、鶏清湯と鶏白湯をそれぞれ作る

スープは鶏清湯と鶏白湯の2種類をとっている。鶏清湯は、塩ラーメンと醤油ラーメンに使う。鶏だけでスープを取ると塩ラーメンに合わせたときにアッサリし過ぎるので、鶏をメインにしながら少し牛骨の加えて取っている。

鶏白湯は、鶏清湯を取ったあとのガラを使ったのでは目指す味にできないので、別に炊いている。材料の内容も加熱の仕方、材料の入れ方も変えている。熱伝導も考慮して鶏清湯と鶏白湯では、鍋の材質も変えて作っている。

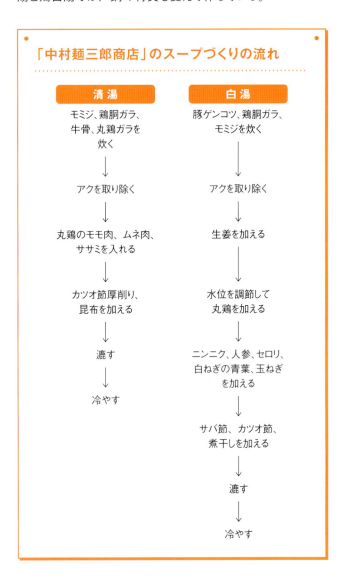

「中村麺三郎商店」のスープづくりの流れ

清湯
モミジ、鶏胴ガラ、牛骨、丸鶏ガラを炊く
↓
アクを取り除く
↓
丸鶏のモモ肉、ムネ肉、ササミを入れる
↓
カツオ節厚削り、昆布を加える
↓
漉す
↓
冷やす

白湯
豚ゲンコツ、鶏胴ガラ、モミジを炊く
↓
アクを取り除く
↓
生姜を加える
↓
水位を調節して丸鶏を加える
↓
ニンニク、人参、セロリ、白ねぎの青葉、玉ねぎを加える
↓
サバ節、カツオ節、煮干しを加える
↓
漉す
↓
冷やす

人気ラーメン店の調理技法　神奈川・相模原　中村麺三郎商店

⑤

水位を合わせるために減った水を足す。水はπウォーターを使用。このとき、鍋の縁にこびりついたアクは拭き取る。ここで丸鶏を入れる。早くから丸鶏を入れると鶏の風味が飛ぶので、このタイミングで入れる。ニンニク、人参、玉ねぎ、ねぎ、セロリも加える。

⑥

3時間ほど炊いて、サバ節、煮干しを加えて混ぜ込む。約45分ほど炊く。

③

ガラの下側に付いているアクを浮かせるために木べらで底のほうから大きく混ぜる。また、黒いアクが浮かんでくるので、その黒いアクだけを取る。

④

生姜を入れ、フタをして1時間ほど炊く。火加減は、中強火。

183

清湯

材料
・鶏胴ガラ(阿波尾鶏)　・モミジ
・丸鶏(親鶏と比内地鶏)　・牛骨

清湯は熱伝導率がいいので、51cmのステンレス製寸胴鍋で炊く。阿波尾鶏の胴ガラ、モミジ、牛骨を炊く。鶏と牛骨は5対1の割合。清湯は醤油ラーメンと塩ラーメンに使うので、コクを足すために牛骨を加える。豚ゲンコツを使ったこともあるが、今は牛骨に。

網で漉す。漉すときは鍋で押して絞るように漉す。漉したスープは冷やす。冷えると上面の脂が固まるが、それは温めるときに再び混ぜ込んで営業用スープとして使う。

人気ラーメン店の調理技法

神奈川・相模原
中村麺三郎商店

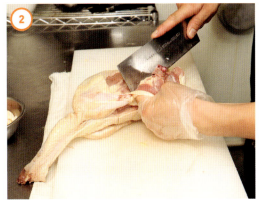

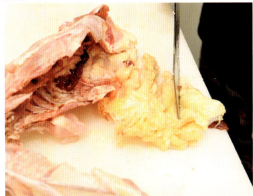

カツオ節、昆布を加える。サバ節、煮干しを加えていたこともあるが、鶏の量を増やしてカツオ節と昆布だけにした。おおよそ40分ほど炊く。

丸鶏は、親丸鶏と比内地鶏の丸鶏を使う。丸鶏は、手羽、ガラ、モミジ、モモ、ムネ、ササミに分けて、時間差で鍋に入れていく。比内地鶏の鶏油は別にして、別に取る鶏油と一緒に炊いている。

まず、上から鶏ガラを取り出して殻、漉していく。漉す網は目の細かいもので。缶に分けながら漉していき、冷水で冷やす。冷えると上面に脂が固まるが、それは温める前に除いて使わない。

清湯は終始、フツフツとさざ波がたくくらいの火加減をキープして炊いていく。清湯では、香りのチェックを大切にしている。

185

鶏清湯、鶏白湯、それぞれに合う鶏と豚(バラと肩)のチャーシューを

鶏清湯、鶏白湯、そして、醤油ダレ、塩ダレ、白湯ダレを合わせて仕上げ、それぞれ個性のはっきりしたラーメンに仕上げるので、合わせるチャーシューも鶏チャーシューと豚バラチャーシューと豚肩ロースチャーシューを用意し、使い分けている。鶏チャーシューは低温でコンフィにしてしっとりとした仕上がりに。豚バラチャーシューは、醤油の風味をまとわせた仕上がりに。

豚バラチャーシュー

材料
・豚バラ肉 ・生姜 ・ニンニク ・白ねぎの青葉
・チャーシューのタレ(醤油・日本酒・みりん・砂糖)

豚バラ肉は現在はデンマーク産。鍋の底に網を敷いてくっつかないようにして下茹で。肉が浮いてこないように落としブタをし、重しをのせて30分ほど下茹でする。

30分ほど茹でたら、流水で洗って肉の表面の汚れ、アクを流す。

鍋の下のほうは、豚バラ肉の脂身を下にして入れ、鍋の上のほうに入れる豚バラ肉は脂身のほうを上にして入れる。醤油、日本酒、みりん、砂糖を合わせた醤油ダレを合わせる。

人気ラーメン店の調理技法 | 神奈川・相模原 中村麺三郎商店

鶏チャーシュー

材料
・国産鶏ムネ肉 ・ソミュール液（塩・砂糖・πウォーター）
・白ねぎ ・玉ねぎ ・白絞油

国産の生の鶏ムネ肉を使用。塩と砂糖を3対1で合わせ、πウォーターを合わせて1時間ほどマリネする。

マリネしたら、取り出してザルに取り、漬けたマリネ液はよく切る。

白絞油、白ねぎ、玉ねぎとマリネした鶏肉を合わせて70℃まで加熱。70℃をキープして30～40分加熱する。鍋の中で鶏肉がくっつかないようにして炊いて出す。冷ました油の中で保存する。

白ねぎの青葉、ニンニク、生姜も合わせ、落としブタをして、フタの上に重しをのせて1時間半ほどたく。

炊いたら取り出して、風を当てて冷ましたのち、ラップをして冷蔵庫で冷やしてから使う。

187

塩らぁ麺・醤油らぁ麺用の麺

> **材料**

・春よ恋 ・ゆめちから ・全粒粉
・春よ恋石臼挽き粉 ・モンゴルカン水
・全卵 ・塩 ・水

春よ恋をメインに、ゆめちから、全粒粉と春よ恋石臼挽き粉など、国産小麦粉4種類を使う。

モンゴルかん水、全卵と小麦粉をミキシング。5分ほど混ぜてミキサーの羽や中の縁に付いた生地を調え、再び7分ほどミキシング。

混ぜ終わったときの生地温度が24〜25℃になるよう、粉の温度を考慮して、最初に加えるかん水溶液の温度を調整している。

人気ラーメン店の調理技法

神奈川・相模原
中村麺三郎商店

④

ばらがけして粗麺帯にして、合わせを2回。麺にストレスをかけないよう、圧延を2回に分けてする。

⑤

切り出しの前に麺帯はビニール袋をかぶせて休ませる。休ませるのは、だいたい夏で20分、冬で30分ほど。

⑥

切り出し。醤油ラーメン用は切り歯16番。塩ラーメン用は、醤油ラーメンより麺厚を薄くして切り歯20番で切り出す。細いので、150gに設定すると麺線が長くなるので、120gで切り出して、1玉150gに直して麺箱に納めている。製麺した麺はその日に使用して、ねかせたりしない。

▶ 塩らぁ麺用

切り歯20番のストレート麺。醤油ラーメン用より麺厚を薄くして切り出す麺。1人前150gで茹で時間は50秒。

▶ つけ麺用

つけ麺用は、切り歯12番の平打ち麺。全粒粉を多めにして製麺する。1人前250gで、茹で時間は2分10秒。

▶ 醤油らぁ麺用

切り歯16番のストレート麺。1人前150gで茹で時間は70秒。

189

ラーメン最新技術

人気店の素材選び、味の構成、技と工夫

- ■定価　本体3500円＋税
- ■A4判　160ページ

最新人気のラーメン店〔19店〕の スープ、トッピング、麺、タレの素材の選び方、味の構成、調味の工夫をくわしく解説。

■本書に登場する店

- ▶ らーめん style JUNK STORY（大阪・高津）
- ▶ らーめん　セアブラノ神（京都・壬生相合町）
- ▶ とんこつらーめん　ひかり（愛知・春日井）
- ▶ 麺道　麒麟児（長野・長野市）
- ▶ 拉麺　阿吽（長野・長野市）
- ▶ らぁ麺屋　飯田商店（神奈川・湯河原）
- ▶ ゆいが総本店（長野・長野市）
- ▶ SHIMAMURA（神奈川・横浜）
- ▶ 桜台　らぁ麺　美志満（東京・桜台）
- ▶ 麺や　豊（埼玉・春日部）
- ▶ 麺匠　清兵衛（埼玉・川越）
- ▶ くじら食堂（東京・東小金井）
- ▶ 煮干中華ソバ　イチカワ（茨城・つくば）
- ▶ 麺　ろく月（東京・浅草橋）
- ▶ 横浜家系豚骨醤油らーめん　あさひ家（東京・池袋）
- ▶ 中華そばしば田（東京・仙川）
- ▶ 二代目にゃがにゃが亭（東京・三河島）
- ▶ 麺や　維新（東京・目黒）
- ▶ 自家製麺 MENSHO TOKYO（東京・後楽園）

■限定麺の開発プロセス
- ● 饗　くろ㐂（東京・浅草橋）
- ● らーめん　いつ樹（東京・青梅）

■レギュラーメニューのブラッシュアップ研究
- ● BASSO ドリルマン（東京・池袋）
- ● 麺処　ほん田（東京・東十条）

ベジタリアン向けの調理技術
イスラム教徒向けの調理技術

ラーメンプロデューサー　宮島力彩

旭屋出版　〒107-0052　東京都港区赤坂1-7-19　キャピタル赤坂ビル8階
販売部(直通)☎03-3560-9065　http://www.asahiya-jp.com

★お求めは、お近くの書店または左記窓口、旭屋出版WEBサイトへ。

旭屋出版

〒107-0052 東京都港区赤坂1-7-19 キャピタル赤坂ビル8階
☎03-3560-9065（編集部 直通） http://www.asahiya-jp.com
★お求めは、お近くの書店または弊社直販ロ、旭屋出版WEBサイト。

らぁ麺 飯塚 著
らぁ麺 飯塚 店主 飯塚 裕之 著

手作業
自家製麺
らぁ麺のメン草鞋

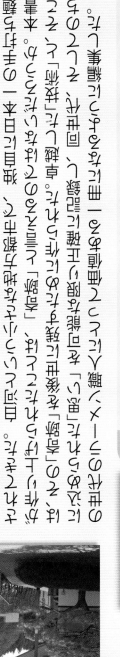

らぁ麺 飯塚 店主 飯塚 裕之 著

- B5変形判
- ハードカバー 222ページ
- 定価 本体3000円＋税

本書の内容

第1章 らぁ麺寿物語
～自分の麺を～

第2章 らぁ麺寿物語
～自分のラーメンの開業
（らぁ麺寿物）

第3章 らぁ麺寿物語
～「らぁ麺寿」の開業～

第4章 らぁ麺寿物語
～「らぁ麺寿」の開業～
（飯塚さん時代）

第5章 手打ちラーメンの草鞋
～手打ち種～

第6章 手打ちラーメンの草鞋
～スープ～

第7章 手打ちラーメンの草鞋
～カエシ（タレ）、チャーシュー～

第8章 手打ちラーメンの草鞋
～具材～

第9章 手打ちラーメンの草鞋
～仕上げ～

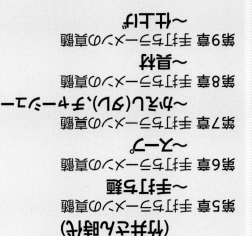

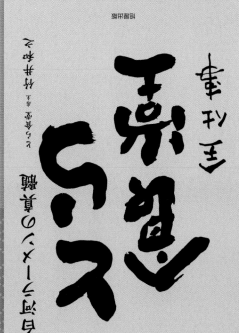

ベテランナースが
探究する調理技術

発 行 日　2017年11月25日初版発行

編　　者　旭屋出版編集部編
発 行 人　早嶋　茂
編 集 人　永瀬正人
発 行 所　株式会社旭屋出版
　　　　　〒107-0052　東京都港区赤坂1-7-19メツァ赤坂ビル8階
　　　　　郵便振替　00150-1-19572
　　　　　電話　03-3560-9065（販売）
　　　　　　　　03-3560-9062（広告）
　　　　　　　　03-3560-9066（編集）
　　　　　FAX　03-3560-9071（販売）

旭屋出版ホームページ　http://www.asahiya-jp.com

装　丁　井上ひろ尚
編　集　佐藤紘之、持住洋一郎（旭屋出版）、野辺政雄
　　　　関谷繭、和田博
デザイン　株式会社ライラック（倉田誠一、大竹仁美）
取材・原稿　大槻加代子　松永あおり
印刷・製本　株式会社シナノ

※定価はカバーに表示してあります。
※落丁本〈乱丁本、複写などのかわりにweb上での使用を禁じます。
※落丁本、乱丁本はお取り替えします。

ISBN978-4-7511-1308-0
©Asahiya Shuppan, 2017 Printed in Japan